熊楠と幽霊

志村真幸
Shimura Masaki

インターナショナル新書 065

はじめに

今年（二〇二二年）で没後八〇周年を迎える南方熊楠《みなかたくまぐす》（一八六七〜一九四一年）は、生物学や民俗学の分野で活躍し、近年では神社林保護運動にとりくんだことで、「エコロジーの先駆者」としても知られるようになった人物です。ところがいっぽうでは、幽体離脱体験をくりかえしたり、「夢のお告げ」で新種を発見したりといった神秘的なエピソードがあることをご存じでしょうか。水木しげるにも、熊楠を主人公とした『猫楠』という漫画があり、そのなかでは熊楠が幽霊たちと宴会をしたり、夜中に魂が身体を抜け出して遊びに出たりします。

しかし、若いころの熊楠は、むしろオカルト的なものに否定的な態度をとっていました。ロンドン遊学時代には「オッカルチズムごとき腐ったもの」と罵倒していますし、降霊術や行者の秘術といったものも信じていませんでした。

ところが、帰国後に採集・研究活動にうちこむなかで神秘体験をくりかえした熊楠は、態度を一変させます。ブラヴァツキー夫人の『ベールをとったイシス』や、イギリスの心霊研究者であるフレデリック・マイヤーズの『人間の人格とその死後存続』を熟読し、以後は「魂の入れ替わり」や「幽霊の足跡」についての論考を量産していくのです。

こうした熊楠の神秘体験は、どのように捉えるべきなのでしょうか。それは「本物」であり、熊楠には超常的な能力が備わっていたのでしょうか。また魂や幽霊に関する研究は、どのように行なわれたのでしょうか。

本書では、これらの問題を熊楠の人生と重ねあわせながら、解き明かしていきたいと思います。熊楠は江戸末に生まれ、第二次大戦中まで生きたひとでした。大きく社会や環境が変化し、科学や合理主義が急激に発達した時代です。そんななかで熊楠は、父親と息子の関係に悩み、自身の精神状態に不安を抱え、スペイン風邪の流行といった破滅的な状況にも遭遇しました。

熊楠というと、オランダ人東洋学者に論争を挑んで打ち負かしたり、神社合祀反対運動で国の政策に敢然と立ち向かったり、はたまた酒に酔って暴れたりと、

アメリカ・ジャクソンヴィル時代の熊楠（24歳）。
南方熊楠顕彰館（田辺市）所蔵

豪放磊落《ごうほうらいらく》な人物と思われがちです。しかし、熊楠は自身の生き方に悩み、みずからの存在価値を問いつづけた人間でもありました。現在のわたしたちとも共通するアイデンティティの不安を感じていたのです。本書では、熊楠が抱えていた、ひとりの人間としての悩みと、それを解決するための悪戦苦闘について見ていきたいと思います。

熊楠が生涯に書き残した文章は膨大な量にのぼります。あまりに多いため、そこで扱われている心霊、幽霊、超能力、妖怪、民俗学、精神などのテーマは、これまでバラバラに捉えられてきたきらいがあります。しかし、細分化して扱ってばかりでは、見逃してしまうものが多く、それらを統合的に見る必要があるのです。

本書では、熊楠の書いた日記、論考、随筆、書簡、ノートなどから不思議な記述をとりあげ、分析していくことにします。たとえば、熊楠の日記は、謎めいた夢の記録であふれています。死や病気についての記録もおびただしく、強い関心をもって書き留めていたことがわかります。論考では、幽体離脱体験のほか、寝ているあいだに魂が入れ替わったという説話が世界じゅうにあることが示されます。柳田国男への書簡では、河童の正体が考察されました。いずれも、熊楠だけが思考し、語りえたものです。本書の目的のひとつは、こうした奇妙な話題、あるいは怪談とでも呼べるものを、みなさんに紹介していくことにあります。

ところが、熊楠の文章はたいへん読みにくいのです。平凡社版『南方熊楠全集』や、岩波文庫版『十二支考』、河出文庫版「南方熊楠コレクション」などを手にとったことがあれば、ご存じと思いますが、古風な文体、漢字や漢文の多用、難解な言い回しと、きわめて難度が高いのです。挫折してしまった方も、少なくないのではないでしょうか。あまりに読みにくいため、新規の熊楠ファンがなかなか定着しないのが、わたしたち熊楠研究者の悩みとなっているくらいです。そのため本書では、かなり思いきった現代語への意訳を行ないました。

また、熊楠はイギリスの科学誌『ネイチャー』などに約四〇〇篇もの英文論考を発表していますが、その内容や意義については、近年になってようやく知られるようになってきました。これについても、『南方熊楠英文論考［ネイチャー］誌篇』、『南方熊楠英文論考［ノーツアンドクエリーズ］誌篇』から、翻訳でご紹介したいと思います。

現在、熊楠の原稿や日記などの資料は、和歌山県田辺市の南方熊楠顕彰館で保存・公開されており、一部は白浜町の南方熊楠記念館でも見ることができます。本書を通して、熊楠の「生《なま》」の文章への関心が芽生えたら、ぜひこれらの施設を訪れてみてください。

日記の翻刻については、八坂書房版『南方熊楠日記』（全四巻）のほか、熊楠の女婿《じょせい》にあたる岡本清造の翻刻（および中瀬喜陽《なかせひさはる》による修正）、熊楠関西、南方熊楠東京翻字の会、田辺翻字の会による成果などを参照しました。

目次

第一章　幽体離脱体験

那智での幽体離脱体験

水木しげるが熊楠を主人公として描いた漫画『猫楠』（一九九一～九二年）には、熊楠が熊野山中で幽体離脱を体験するシーンがあります。第四話「山高帽で訪問」で、熊楠が「人間はあらかじめ脳に霊を3つ4つ飼ってるかもしらん／わいは時々寝ると『抜け首』になって飛ぶことがある」と言い、そのあと真夜中になって相棒の猫である猫楠が外から戻ってくると、さきほどの言葉のとおり、寝ていたはずの熊楠の頭部がなくなっているのです。猫楠は、「あーっ熊あんの首がみえない」と慌てます。絵では、首が細いホースのようになって、すっと画面の外へと伸びる表現となっています。

ページをめくると、長く伸びた首の先に熊楠の頭部が付いていて、「なんと熊あんの首は勝手に一人で散歩しているではないか……。」とナレーションが入ります。寝ているうちに、首だけが抜け出して、さまよっていたのです。心配になった猫楠が熊楠を起こすと、あわてて首が帰ってきます。しかし熊楠は、いい気持ちになっていたのにと文句を言い、子どものときからときどきこんなふうになるんだと説明します。猫楠は、抜け首とかろくろ首と呼ばれるものかと納得し、熊楠は中国で尸頭蛮《しとうばん》と呼ばれると述べます（尸頭蛮、あるいは飛頭蛮《ひとうばん》についてはあとで説明します）。

いかにも水木作品らしい演出です。熊楠という人物と妖怪との境目がぼやけているように見

『猫楠』（角川文庫）の幽体離脱シーン　©水木プロ

えます。ところが、これが水木の創作だったのかというと、実はちがうのです。

一四年近い海外遊学を終えて帰国した熊楠は、一九〇一年一一月から和歌山県南部の那智にこもり、地衣類や菌類の採集、論考執筆に明け暮れていました。そんななか、一九〇四年に幽体離脱体験をするのです。

日記には、三月一〇日と四月二五日の二回、次のように記されています。

一九〇四年三月一〇日

うつつにて（幻想ということを知りながら）黒い紐のついた人形のごときものとなり、ロンドンの地下鉄の地上への階段のようなところを進み、戻り（進退とも頭は同一の方向に向いていた）、また下に降りる途中のとある場所で、家の外にひとりの男とひとりの女（日本人）がいるのが見えたが、あえて見ないようにした。人形のごときものに自分の意志が集まる。注意点と見える。

四月二五日
灯りを消したあとに、わたしの魂が遊びに出た。この前もあったことだが、壁を透りぬけず、ふすま、障子などの開きうるところを通る。そのため、遠回りしていった。枕元のふすまの先あたりまで引き返して逡巡していると、急に自分の頭と覚しきところへ引き入れられた。あたかも *vorticella*［ツリガネムシ］が螺旋状に延びたあと、急に驚いて引き縮まったごとくであった。飛頭蛮のことは、こうしたことがもとになっている部分もあるのではないか。

少していねいに説明すると、三月一〇日の記述では、熊楠自身が黒い紐のついた人形のようなものになったとされます。ただし、本人にもそれが幻想であるということはわかっていたようです。夢うつつ、すなわち寝入ったものの意識が少しは残っているといった状態だったのでしょう。そして、四年前にあとにしてきたロンドンの地下鉄の駅の幻景を見ます。地上への階段を上ったり下ったりするなかで、なぜか一軒の家の前に出ます。日本人の男女がいるのが見えたのですが、あえて正視はしないようにしているうちに、人形のようなものに自分の意識が集中した、これは注目すべきポイントだと書かれています。

熊楠は何を見たのか？

率直にいって、よくわかりません。曖昧かつ幻想的な記述であり、夢といってしまえばそれまでのようにも思えます。

いっぽうで四月二五日の記録は、もう少しはっきりしており、熊楠は日記に図まで示してくれています。夜になって灯りを消し、床に就いたあと、魂が身体から抜け出して遊びに出たのでした。この前もあったことだが、として三月一〇日のものと同じ現象であることを認識しています。壁を通りぬけることはできず、ふすまや障子の開いているところを通らなければならなかったので、遠回りであったそうです。幽霊などの、肉体をもたない存在は壁をすりぬけることが多いですから、それとは違うというのでしょう。

それから枕元のふすまのあたりまで引き返し、どうしようかと迷っているところで、急に自分の頭のあたりへ引き戻されます。そのあとの *vorticella*（ヴォーティセラ）とは、淡水にすむ単細胞生物の一種のツリガネムシのことで、熊楠も顕微鏡で観察したことがあったのでしょう。こんなたとえが出てくるあたりは、いかにも生物学者らしいといえましょう。ツリガネムシは円錐形をしており、その頂点から柄のようなものを伸ばして岩や水草に付着します。そしてなにか刺激を受けると、これが螺旋状にきゅっと縮まって身を守ろうとするのだそうです。最後に、自分と同じような体験をしたひとたちが過去にもおり、そのイメージが飛頭蛮のもとになったのではないかと推測しています。

飛頭蛮とはろくろ首の原型ともいわれる中国の妖怪で、『猫楠』で尸頭蛮と呼ばれたものと同じです。「飛頭」というとおり、夜中に首が抜けて飛びまわるものの、完全に自由なわけではなく、体と細い糸でつながっているのが特徴です。そのあたりが熊楠の体験と似ているといえるでしょう。ツリガネムシと飛頭蛮とがいっしょに登場している点は、生物学と民俗学をともに手がけた熊楠らしいと思います。また、先人の体験と結びつけて一般化しようとしている点は、いかにも研究者らしい考察です。

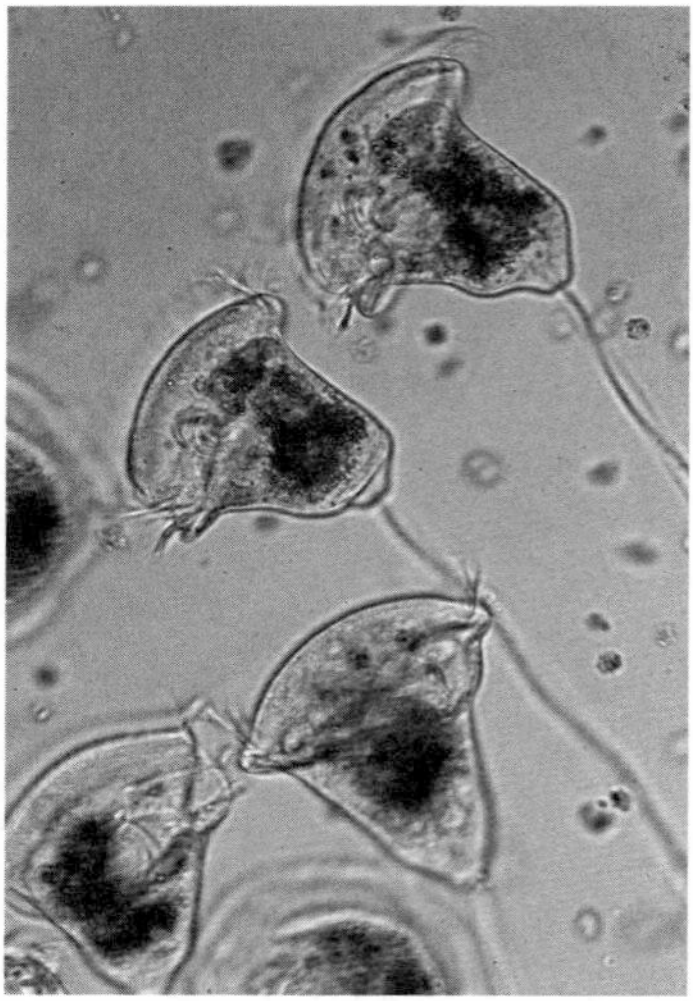

ツリガネムシ
©wakui toshio/Nature Production/amanaimages

この体験を熊楠はのちに、「幽体離

脱」としてくりかえし語っており、たとえば「睡眠中に霊魂抜け出づとの迷信」(『東京人類学会雑誌』二七巻五号、一九一一年八月)という論考では、このように述べています。

七年前の厳冬期、わたしは那智山にひとりで暮らしていた。空腹のまま横になったところ、一晩じゅう、頭が抜け出て、家の横にある牛小屋のあたりを飛び回った。闇夜のなかにその光景がありありと見えた。自分でも精神がまともでなくなっているのはわかっていたが、くりかえしくりかえしそのようになるのを止められなかった。その後、フレデリック・W・H・マイヤーズ(一八四三〜一九〇一年)の『人間の人格とその死後存続』(一九〇三年、二巻、一九三、三二二ページ)を読んで、世界にはこうした例が少なからずあると知った。そうであれば、蒙昧の民が睡眠中に魂が抜け出ると信じるのは、当然のことであろう。さらに魂は人間の姿で抜け出すのみならず、ハエ、トカゲ、コオロギ、カラス、ネズミなどとなって睡眠中の身体を離れて遊ぶという。こうした迷信は、各地の民族のあいだで信じられている(フレイザー『金枝篇』一八九〇年、一巻一二六ページ)。(『南方熊楠全集』二巻)

マイヤーズはイギリスの心霊研究者で、その著作である『人間の人格とその死後存続』は熊楠に大きな影響を与えました(第五章で詳述)。くわえてイギリスの民俗学者ジェイムズ・フレイザーの代表作である『金枝篇』も引かれています。心霊学と民俗学は現在では遠く離れた学問分野ですが、当時はこうしたものが地続きであり、熊楠もそれらを総合して思考を試みていたといえます。これらの研究書を通して、熊楠は自分の体験を解釈し、一般化しようとしていたのでした。

熊楠の幽体離脱体験は、日記を読むかぎりでは、ただの夢ではなかったかとも思えます。本人が、幻想と知りながらと明記しているほどです。しかし、そのように書かれているからといって、熊楠が、この体験を現実のものではないと認識していたということにはなりません。「睡眠中に霊魂抜け出づとの迷信」では、睡眠中に魂が身体を抜け出すテーマが世界各地から集められているのです。現在の一般的な日本人は、夢は現実のできごとではないととらえています。たとえ夢のなかで外出したとしても、実際に家の外に出たと考えたりはしません。ロンドンにいる夢を見たからといって、ちょっとイギリスまで行ってきたとは言わないのです。しかし、それはあくまでも現代的な解釈です。夢を見せる脳の働きがあきらかになったのはようやく最近のことで、現在でも解明されていない部分のほうが大きいくらいです。それ以前の時代において、夢というものには、多様な解釈がなされていました。熊楠は自身の体験をもとに、そこに切りこもうとしたのです。

水木しげるの描いた飛頭蛮（ろくろ首）　©水木プロ

魂と身体が紐でつながった状態

熊楠の幽体離脱のイメージをもう少し詳しく見てみましょう。熊楠がくりかえすのは、魂と身体が細い紐のようなものでつながっているという表現です。そして、これがさきほどから述べているように、飛頭蛮に似ているとされるのです。飛頭蛮と聞けば、「ああ、あれか」と思いあたる方も多いでしょう。水木しげるが『水木しげるお化け絵文庫　1　豆狸・狐火・飛頭蛮』（弥生書房、一九七五年）などでくりかえし描いたおかげで、日本でもよく知られた妖怪となっています。

熊楠は「蛇に関する民俗と伝説」（『太陽』二三巻、一九一七年）で、

ボルネオの海ダヤク族はタウ・テパン

（飛頭蛮《ろくろくび》）を怖がることはなはだしい。その頭は毎夜体から離れて抜け出し、夜中じゅうあらゆる悪事をなし、朝が近づくと体に戻る。村ではこのひとと交際を絶ち、いろいろなまじないをして、その侵入を防ぎ、田畑の作物を荒らしに来る場合は、その目や顔を傷つけるような竹槍を密に植える。あるいは、むかしその地を荒らした大蛇の霊が、自分の舌をとって食べることができたら、頭だけ自在に飛べるようにしてやると教えたのに始まるという。（『全集』一巻）

と説明しています。中国と日本だけではなく、インドネシアにも近い妖怪がいるようです。このようにいくつもの地域に、似たような妖怪の伝承があることは、そこに共通する何かがあるのではないかと熊楠は考えるのです。もちろん、ろくろ首のような妖怪が実在するというわけではありません。そうではなくて、そうした発想を生むような現象が実際にあるのではないかというのです。すなわち、睡眠中に何かが身体から本当に抜け出ているのではないか、と。そうした例をたくさん集めることで、熊楠はみずからの幽体離脱体験について理解し、説明しようとしていきます。現在では、中国で想像された飛頭蛮という妖怪が、日本やインドネシアといった周辺地域へ広まったと考えるのが一般的で、もちろん熊楠もその可能性を視野に入れていたはずです。しかし、熊楠には自身の体験がありました。そのため幽体離脱の真実性と、その仕組みについて、ずっと追究していくことになるのです。

右の引用の最後の部分については、おそらく蛇やその舌が、「紐」に重ねられているのだと思います。それにしても、蛇の教えは不思議ですが。

ここでもうひとつ指摘しておきたいのは、熊楠の文章に、さまざまな国・地域の事例が詰めこまれている点です。ヨーロッパ、中国、日本、東南アジア、南北アメリカ、アフリカ、オセアニア。より広い地域から実例を集めることで、より明確に証拠立てられていくと、熊楠は考えていたのでしょう。またこれらは熊楠が自身で旅し、あるいは無数の書物を通して馴染みのあった場所でもありました。

熊楠と文通を通して議論の相手となった真言僧・土宜法龍《どぎほうりゅう》（一八五四〜一九二三年）に宛てた書簡（一九〇四年六月二一日）に、臨死体験に関する一文があります。


ひとが死んだあとも存続するものがあります。わたしも柔術などで気絶し、しばらくして活を入れられて蘇ったことがあります。［いろいろなひとに］そのときの状況を聞いてくらべると、たいてい自分のと同じなのです。川原のようなところを歩いており、悠々自適、何の気がかりもなく小唄でも出そうになります。はるかうしろから、誰かに呼ばれていると思ってようやく気づくものなのです。もっとも川原を歩いたことがないひとは、そんなふうに思わないかもしれません。しかし、だいたいは同じだろうと思います。また魂遊というものがあります。わたしも今春、自身でこれを体験しました。糸で自分の頭をつなぎ、俗にいうろくろくびのように、部屋の外に遊び、そのありさまを見るものでした。このこともまた寒さの厳しい山中などで、［ひとびとに］こうした話を聞き合わせると、誰もが同じでした。（『和歌山市立博物館研究紀要』二五号、二〇一〇年）

前半はまさに臨死体験そのもので、後半は本章で扱ってきた幽体離脱ですね。そして、さまざまなひとに、自分と似たような体験をしていないか聞き取り調査をしたところ、誰もが同じような体験をしていることがわかり、「ひとが死んだあとも存続するものがある」との結論に至っています。それはつまり、魂があるということです。

なお、これにさきだつ一九〇二年三月二三日の日記には、「朝四時、寝床のなかで土宜師へ書状一通をしたため、霊魂・死・不死のことを論じた」とあります。実は幽体離脱を体験する以前から、熊楠は魂の問題に関心を寄せていました。そんななかで幽体離脱が起こり、考察を深めていったのです。

さて、熊楠の幽体離脱は、「黒い紐のついた」、ツリガネムシ、飛頭蛮などと表現される点が特異と思われます。身体と魂とが細長い紐でつながったイメージなのです。わたしは少年時代に水木漫画の飛頭蛮を見て、「首（ないし紐）が邪魔そうだな」と感じました。これでは自由に飛び回ることができないではありませんか。同時に、どこかにひっかかりそうで怖いとも思いました。ひっかかったら痛そうだし、ちぎれてしまう可能性もあります。自由になりたいという気持ちと、断ち切られることへの恐怖がないまぜになったのです。これはおそらく、多くのひとに共通する感想ではないでしょうか。

首が長い妖怪は、飛頭蛮やろくろ首のほかにも、いくつか知られています。一八八五年五月二五日の日記には、「妖怪府一冊購入。木村平三郎が来たので、ミコシ入道の舞をみせた」とあります。ミコシ（見越し）入道とは、僧侶の姿をした妖怪の一種で、いくつかのタイプがありますが、首が伸びるものが代表的で、鳥山石燕《せきえん》にも描かれています。首の伸びるイメージは、このころから熊楠にあったのかもしれません。それにしても、熊楠が見せた舞とはどんなものだったのでしょうか。

『妖怪府』とは、一八八五年四月に尚成堂から出た『妖怪府——一読一驚』のことだと思われます。加藤鉄太郎が「牡丹燈」「中山狼」「三娘子」「馬頭娘」など中国の怪談二五話を紹介したもので、一話ごとに簡単な批評がくわえられています。ただ、見越し入道は登場しないようです。熊楠は一〇月にこの本を実家へ送っていますが、現在は所在が知れません。

見越し入道については、熊楠と和歌山の妖怪についてまとめられた『怪人熊楠、妖怪を語る』（伊藤慎吾・飯倉義之・広川英一郎、二〇一九年）に指摘があります。熊楠旧蔵の『徳川文芸類聚』四巻に収められた江戸期の怪談集「百物語評判」の、京にあらわれたという高坊主の項に、「高坊主　田辺にてもいう、また見越し入道と覚えたる老人もあった」と書き入れがあるというのです。柳田国男宛の書簡（一九一一年一〇月九日付）でも、いまでも田辺に見越し入道が出るという老人がいると述べています。

ところで、魂というものは、どんなふうに身体と結びつけられているのでしょうか。もし熊楠の幽体離脱のようなことが起きたら、魂がもとの身体に戻ってこられる保証はあるのでしょうか。ふとした拍子に抜け出して身体を見失ったり、戻ってきても入れなかったり、あるいは魂が身体を留守にしているあいだに、別の魂が入りこんでしまう危険はないのでしょうか。邪悪な精神体に身体をのっとられるというテーマは古くからあり、二〇世紀以降のSFやホラーの世界でも、ジャック・フ

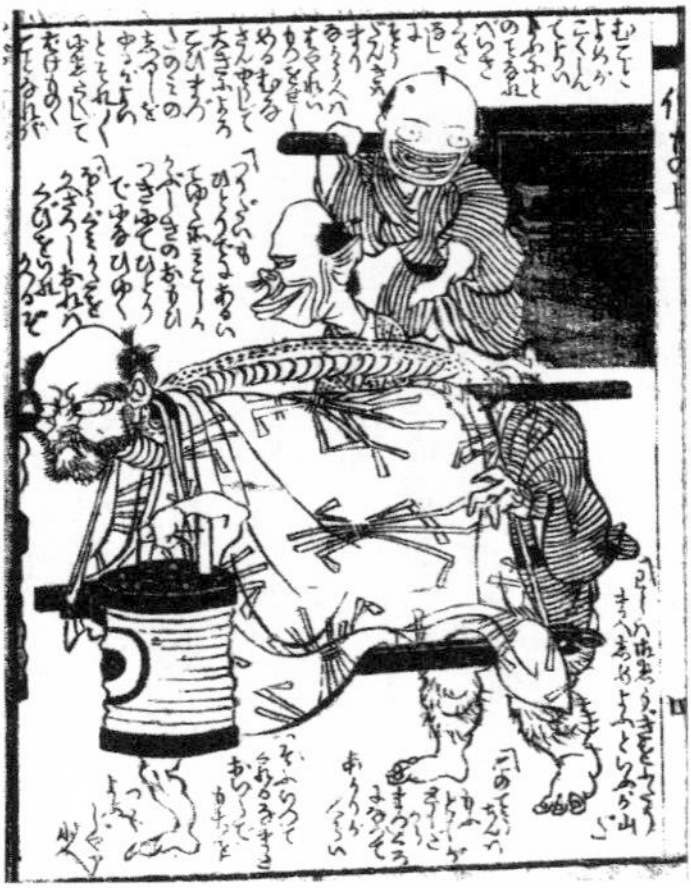

見越し入道。十返舎一九『化物の娵入』（勝川春英：画）より。
静岡市立中央図書館所蔵

イニイ『盗まれた街』（一九五五年。一九五六年に『ボディ・スナッチャー／恐怖の街』として映画化）など、飽きられることなく再生産されています。人間にとって根源的な不安だからこそ、こうしたテーマは魅力を失うことがないのでしょう。

そもそも人間には、いつかかならず魂と身体が分離するときがやってきます。すなわち、死です。もしかしたら、うっかり身体から迷い出た魂が戻れなくなってしまった状態が死なのかもしれません。そうした不安や恐怖をやわらげてくれるのが「紐」の存在なのです。魂は抜け出しているけれども、身体とのつながりはしっかり保たれている。紐をつたって帰れば身体に戻ることができる。熊楠が「逡巡していると、急に自分の頭と覚しきところへ引き入れられた」と書いているのも、セーフティ装置が働いたかのように読みとることもできます。

少し整理しておくと、熊楠の関心は魂と身体の関係性にあったといえます。現在の科学では魂の存在を想定していません。心や精神といった目に見えないものがあるのはまちがいありませんが、身体から独立したものではなく、脳の働きによるものと考えられています。身体を離れた状態で精神は存在できず、熊楠の体験のように、魂が身体を抜け出して遊びに行くということは、ありえないのです。

とはいえ、多くの宗教では魂の存在を認めており、わたしたち現代の日本人も、魂のようなものがあることをなんとなく信じています。もちろん正面きって「存在する」と言うひとは多くはないでしょうが、水子供養をしたり、お盆に先祖供養を欠かさなかったりというのは、広く見られることなのです。あるかないかわからない、魂というものの正体に迫る。熊楠が関心をもち、切りこもうとしたのは、そうしたテーマだったのでした。

身体から抜け出る霊魂

さきほども引いた「睡眠中に霊魂抜け出づとの迷信」という論考は、タイトルのとおり、寝ているあいだに身体から魂が抜け出る迷信について、世界各地から紹介したものです。

熊楠は「我が国にこの迷信を記したものは多いが」と書きはじめ、まずは江戸中期の仏教説話集である『続沙石集』から、日本の例をあげています。

［京の］中京のある家の召使いが、主人の親族の男と情を交わしていたが、その男が本妻を迎えようとしていると知り、ひどく恨みに思った。寝床に入り、夜半ににわかに叫び声を上げて起き、並んで寝ていた女たちに語った。ある町の門を出ようとしたとき、向こうからひとが来たのが見えたので隠れようとしたら、そのひとが刀を抜いて斬りつけてくる夢を見て目が覚めたのだ、と。

翌朝、あるひとが来て語るには、今日は珍しいことがあり、いままでそのことに関わって忙しかった。昨夕、夜が更けたころに、知り合いの医者がある町の門を通り過ぎようとしたところ、髪を乱し、恨めしそうな顔をした若い女と行き違いかけた。女は引き返して隠れようとした。影のようで進むときも戻るときも足音がしない。声をかけても答えがなく、身の毛がよだち、恐ろしくなったので、剣を抜いて斬りつけた。たちまち消えて、そのひとはいなくなった。医者は剣を捨てて帰り、今朝になってその町に行って返してもらおうとしたが、簡単には返してもらえず、厄介なことになったが、ようやくいま解決したのだ、と。

その場所や町の名もたしかに聞いたけれど、まだ一〇年もたたないので、あえて記さないことにする。この女は、男を恨み、寝ているあいだにその執念が、ひとの目にも見えるような影となってあらわれ、男のもとに行こうとしたにちがいない、と。（『全集』二巻）

つづいて熊楠は前述の那智山中での自身の体験を紹介し、それからフレイザーをもとに、多くの民族に同様の俗信があることを示します。

［……］眠っているひとを急に驚かして起こすと、その魂は帰る場所をまちがえ、病気になるという迷信が、ビルマおよびインド洋の島々にある。セルビアでは、妖術師が眠り、

その魂が蝶となって身体から離れているあいだに、頭と足を逆にして寝かせれば、魂が帰ってきても口から入ることができず、そのため妖術師は死ぬと伝えられる。ボンベイでは、眠っているひとの顔に悪戯書きをし、眠っている女に髭を書くことは、殺人罪に等しいという（フレイザー、一二七ページ）。（『全集』二巻）

実際に魂が帰れなくなる例があるのです。自身の体験を思い出した熊楠は、震えながらこの文章を綴ったかもしれません。さらに自身のアメリカ時代の体験が記されます。

二〇年前、広東人の家に泊めてもらっていたとき、そのひとの眠っている顔に悪戯書きして鬼のようにしたり、またその頬と額に男根を描くなどしたところ、いずれも起きたあとで、鏡を見て激しく怒った。そのわけを聞いたところ、魂が帰ってきても、自分の顔だとわからず、別人だと思って去ってしまうおそれがあるからだ、とのことだった。（『全集』二巻）

これは熊楠が一八九一年から九二年にフロリダ州のジャクソンヴィルという町で、中国系移民・江聖聡《こうせいそう》の家でしばらく暮らしていたときのことでしょう。江には非常に世話になっていたにもかかわらず、こんな悪戯をしたとは、ひどい話です。ともかく、ここからは中国にも似た俗信があったことがうかがわれます。

この熊楠の論考は、もともと東京帝国大学の動物学者である谷津直秀（一八七七〜一九四七年）が『東京人類学会雑誌』（二五巻二八九号）に寄せた「睡眠中に霊魂の抜け出づとの迷信」に応えて、類例を寄せたものでした。『東京人類学会雑誌』（一九一一年に『人類学雑誌』と改称）は、現在の自然人類学、文化人類学、考古学、民俗学にまたがる広い分野を扱っており、谷津ら帝大の学者から熊楠のような在野の人物まで、多数の投稿者によって支えられた雑誌でした。魂の問題は、そうした雑誌で真剣に議論されるテーマだったのです。

南方熊楠（左）と江聖聡（右）。
南方熊楠顕彰館（田辺市）所蔵

熊楠はこのように雑誌上で先行する投稿や質問に応えて、論考を執筆することがしばしばでした（もともと熊楠が執筆活動を始めたイギリスの『ネイチャー』と『ノーツ・アンド・クエリーズ』〈以下、『N&Q』〉で身に付けた方法です。詳しくは拙著『南方熊楠のロンドン』をご参照ください）。

一般的には魂が身体を抜け出るといったら、死の問題になるでしょう。しかし、熊楠が生きている人間の、それも睡眠中の事例を追究したのは、自身の体験を解き明かしたいと考えていたからにほかなりません。さて、魂についてのアプローチには、さまざまな方法がありえます。科学者たちは、機械を使った記録・測定を試みました。写真に撮ろうとしたり、死の前後で体重を量って魂の重さを計測しようとしたり。あるいは、降霊術に頼って死者たちから直接的な証言を引きだそうとしたひとたちもいました。そのなかで熊楠が特異だったのは、説話・民話・伝説・フォークロアのなかに類似の体験を探ろうとした点です。たしかにこれらは、実際に起こった出来事を伝えるものではありません。それはそうなのですが、そこには真実の断片がふくまれているのではないか、と熊楠は考えていたのでした。

さきほども少しふれましたが、熊楠の方法論は、古今東西から類例を集めることにありました。睡眠中に魂が抜け出る説話も、ひとつしかなければ信頼度が低いでしょうが、あちこちの国・地域・時代によく似た話があるならば、もしかしたら何らかの真実につながるかもしれません。もちろん、熊楠は伝播説のことをよく知っていました。伝播説とは、当時の民俗学やフォークロア研究で流行していた学説で、どこか一ヶ所で発生したものが、長い時間をかけてあちこちに広まったとするものです。とくに説話の場合に顕著に確認でき、たとえばヨーロッパの「シンデレラ」によく似た「葉限《しょうげん》」という話が中国にあります。継母にいじめられた娘が不思議な金の靴を落とし、それを手に入れた王様が、ぴったり合う足の持ち主を探すという筋立てのものです。熊楠がイギリスの総合人文科学誌である『N&Q』に報告した論考は、かなりの割合がこうした類例を紹介する内容となっています。しかし、伝播説だけでは説明しきれない事例が多いのも事実であり、その狭間で熊楠は研究をつづけたのでした。

魂の入れ替わりと『和漢三才図会』

「睡眠中に霊魂抜け出づとの迷信」をもう少し追っていきましょう。

『和漢三才図会《わかんさんさいずえ》』(巻七二)に、伊勢国安濃《あのう》郡内田村［現在の津市］、長源寺のお堂の縁《えん》で、土地のひとと日向の国からの旅人が、雨を避けて寝ていたところ、にわかに呼び起こされたため、二人の魂が入れ替わってしまった。それぞれの家に帰ったが、「心は本人だが、姿が別人なので」家族は認めてくれなかった。ふたたびお堂の縁で熟睡し、魂が入れ替わってもとに戻った、とある。

このように述べたのち、ある『紀』を引いて、推古帝三四年［六二六年］、くだんの両国のひとが死んだあとで蘇生したが、魂が入れ替わっていたため、二人を「それぞれの家に」交互に転居させたことに言及している。このある『紀』とは、有名な偽書の『先代旧事本紀』だったと記憶している。まったくの妄譚である。

ただし、これに似たことが、『紀伊続風土記』（巻八五）に出ている。いわく、東牟婁《ひがしむろ》郡野竹村［現在の田辺市］の村人の弥七郎は元文年間に七〇歳ほどであったが、病んで悶絶し、しばらくしてひとびとに声をかけられてよみがえったが、言葉遣いや態度が著しく変わり、妻子のこともわからず、木地引の言葉を話した（木地引には近江の言葉が多い。本年一月の『文章世界』、柳田国男氏の「木地屋物語」参照）。そのころ、同じ村の山奥に住んでいた木地引の弥七郎が死に、その魂がいまだ消滅していなかったので、「弥七郎という」同じ名を呼ばれ、やってきてこの老人と入れ替わったのだろう。蘇生後、一〇年たって死んだ、と。（『全集』二巻）

ここには帰る場所をまちがえたうっかりものの魂のことが書かれています。身体と魂はかならずしも一対一の対応関係をもっているわけではないのです。熊楠は「妄譚」としりぞけながらも、地元和歌山に類例があることを示しています。

右で引かれた『和漢三才図会』とは、大坂の医師であった寺島良安が編んだ百科事典で、明の王圻による類書（百科事典の一種）の『三才図会』（一六〇七年完成）をもとに編纂され、一七一二〜一三年頃に成立したとされます（異説あり）。気象や動植物、医学、兵器、刑罰など多様な内容から構成されますが、地理書の側面も強く、現代のガイドブックのように日本国内を地域ごとに紹介した章があり、そのなかの伊勢の国についての記述に、このような不思議な話がみられるのです。

熊楠は『和漢三才図会』を愛用し、その論考にしばしば引用しています。幼いころ、近所の家で『和漢三才図会』を暗記したあと、帰宅してそらで書き出してみせたという逸話も有名でしょう。『和漢三才図会』は全部で一〇五巻八一冊にもなり、この逸話は熊楠の驚異的な記憶力を示すものとされてきましたが、近年の研究では、まったくの法螺ではないにせよ、かなり誇張がふくまれていることが判明しています。熊楠が初めて『和漢三才図会』を目にしたのは近所の佐竹という産科医の家で、このときは目次の一部を写すに留まりました。一〇歳ごろ、近所の本屋で七円で売りに出たことを知って母親にねだったものの、父親に強く叱られたといいます（「南方熊楠辞」）。やがて小学校の友人である津村多賀三郎の家にあるものを借り出し、一三歳の正月から一五歳の夏までかけて通読し、一部を書写しました。現在は顕彰館と記念館にこのときのものと考えられる写本が残っており、それを見ると、原本のおよそ三分の一ほどが写されています。やがて中近堂から一八八四～八八年に活字本が出ると、熊楠は予約購入しました。一部は渡米後の出版となったため、弟の常楠に送ってもらい、在外中はずっと手元に置いて参照していたようです。

わたしは熊楠旧邸の蔵書の整理・調査にかかわって以来、もう二〇年近くもこの中近堂版『和漢三才図会』を研究対象としてきましたが、とくに上巻は手に取ることもできないほどボロボロになっており、この本が熊楠とともに旅をし、ことあるたびに参照されていたことがうかがわれます。書きこみもびっしりとなされています。

熊楠が有名な偽書と述べる『先代旧事本紀』は、天地開闢から推古天皇の時代までを綴った史書ですが、江戸以降は偽書とされ、熊楠もそのように信じ、そのために「妄譚」とまで述べたようです。しかし、近年になって序文だけが後年のもので、本文自体は平安初期の成立であることがあきらかになりました。長源寺の魂の入れ替わりの話は、そんな時代までさかのぼるものなのです。

おそらく、それが民間に伝わったものなのでしょうが、『紀伊続風土記』にも同様の話が収められていたのでした。東牟婁郡野竹村は、熊野本宮大社に近い山村で、現在では田辺市の一部となっています。

木地引《きじびき》ないし木地屋とは、木の器をつくる職人のことです。良材を求めて山中を渡り歩き、柳田国男の「山人」や三角寛の「山窩《サンカ》」といった、山で暮らすなかば空想的なひとびとのモデルになったともされます。木地引は近江から伊勢にかけての鈴鹿山中に多く暮らし、独特の符丁を使っていたために、その言葉がネタとなったのでしょう。現在の目からすると、卒中などで脳神経が損傷し、うまく発話できなくなったり、認識能力が衰えたりしたのを、このように説話化したものとも思われます。……あまりにもつまらない解釈ではありますが。

熊楠のあらゆる不安

魂の入れ替わりのテーマに、熊楠がいかに関心を抱いていたかは、「睡眠中に霊魂抜け出づとの迷信」の続編が一年後の一九一二年八月の『人類学雑誌』二八巻八号に出たほか、「通り魔の俗説」（同、二八巻八号、一九一二年八月）、「睡人および死人の魂入れ替わりし譚」（同、二九巻七号、一九一四年七月）、「睡人および死人の魂入れ替わりし譚（二）」（同、二九巻一〇号、一九一四年一〇月）、「臨死の病人の魂、寺に行く話」（『郷土研究』二巻九号、一九一四年一一月）、「睡人および死人の魂入れ替わりし譚（三）」（『人類学雑誌』三〇巻一号、一九一五年一月）、「睡中の人を起こす法」（同、三〇巻一一号、一九一五年一一月）、「魂空中に倒懸すること」（同、三一巻一号、一九一六年一月）と驚くほど多数の論考で扱っていることからもわかります。熊楠がもっとも関心を寄せた研究テーマのひとつだったのです。

英文論考でも、「入れかわった魂」（『N&Q』一九一二年一一月三〇日号）があります。「睡眠中に霊魂抜け出づとの迷信」の長源寺と『紀伊続風土記』の箇所を英語になおしたもので、最後に「こうした例がヨーロッパでも記録されたことがあるか、ぜひとも教えてほしい」と結んでいます。熊楠は『N&Q』への投稿で、欧米での類例を求めるのを常套手段としていました（そこで得た回答は邦文論考にも使われました）。残念ながら、この問いかけには回答が返ってきませんでした。こうした発想はキリスト教圏では出にくいようなのです。現在の日本で転生ものの小説が流行しているのも、我が国ならではのことなのかもしれません。

魂が入れ替わりうるというのはきわめて突飛な発想ではありますが、熊楠の不安は、まさにここにあったといえます。それは、ひとつには魂と身体の結びつきの脆弱さを示しています。ふとしたはずみで両者の関係がほどけてしまうのなら、不安になるのも当然です。それは同時に自分が自分自身でなくなってしまうことの不安でもあります。幽体離脱——それも一本の細い紐でかろうじてつながりを保ったもの——を体験した熊楠が、関心をもたないはずがありません。たんなる研究対象ではなく、きわめて切迫した自身の問題だったのです。また、第七章でふれるように、熊楠には自己の精神状態についての不安もありました。

夢と魂

先述のように、「睡眠中に霊魂抜け出づとの迷信」には、一九一二年八月の『人類学雑誌』（二八巻八号）に続編が出ます。熊楠は論考を書き終えたあとでも、何か新しいネタを見つけると、「追記」「追々記」「追々々記」などとして投稿をくりかえすことが多く、そのしつこい性格がうかがわれます。

この続編の冒頭で熊楠は、民俗学者の石橋臥波《がは》から、一九一二年六月に『夢』（一九〇七年）という著作を献呈されたところ、そのなかに関連の記述が多く出ていたと語り始めます。

まず『伊勢物語』に愛人のもとから、今夜夢で会えるかと言ってきたので、男は「思い余り出でにし魂《たま》のあるならん、夜深く見えば魂結びせよ」と詠んだ、とある。和泉式部が、男の訪問が途絶えがちになったとき、貴船神社に詣でて蛍が飛ぶのを見て、「物思へば沢の螢もわが身なり、あくがれ出づる魂かとぞ見る」と詠んだと『古今著聞集』に見える［……］。また『拾芥抄《しゅうがいしょう》』に「玉は見つ主は誰とも知らねども結び留めつ下かへの褄」、「人魂を見る時、この歌を吟じ、着ている衣の褄（男は左、女は右）を結ぶべし」とあることなどを考え合わせると、平安時代に本邦では、霊魂が夢のなかで、あるいは心労はなはだしいとき、または死亡前に身体を離れて出歩くのが、他人の眼には火の玉に見えると信じる俗習があったと知ることができる。（『全集』二巻）

石橋は雑誌『民俗』の創刊（一九一三年）に際して中心となったことで知られる民間の民俗学者です。その著作である『夢』は、古代から奈良時代、平安時代と、さまざまな文学作品や歴史書から夢についての記述を示した研究書で、かつては夢が現実の一種だと考えられ、神からのメッセージとしてとらえられることもあったことを跡づけようとしたものでした。『夢』は顕彰館に現存し、熊楠による書き入れもあちこちに認められ、大きな影響を与えたことがうかがわれます。熊楠は、みずからの見るような不思議な夢が、歴史的あるいは民俗学的には、多くのひとびとが体験してきたものであることに気付いたのでした。

夢の問題は、日本でも古くからひとびとの関心をひき、江戸後期には平田篤胤《あつたね》なども石橋と同様の発想をしていました。のちには、たとえば西郷信綱が『古代人と夢』（一九七二年）で扱うなどして、広く研究されていくことになります。

さて、右に引いた熊楠の引用では魂結びの習慣がとりあげられており、古くから魂が夢のなかで遊びに出ると広く認識されていたことがわかります。いわゆる生き霊ですが、熊楠は他人がこれを見た場合には、火の玉・人魂として認識されると考察しています。身体から迷い出た魂を、正しい場所（身体）に返すため、衣の裾に結んで、迷子になってしまわないよう保護する風習すらあったのでした。

さらに熊楠は、古今東西から魂にまつわる類話を見出し、並べ立てていきます。

死ぬ前に人魂があらわれることが、『和漢三才図会』（巻五八）に見える。欧州でもこういうことが、たとえばハズリット『俗信とフォークロア』（一九〇五年、二巻、五八〇ページ）に見える。デンマークでは、子どもの人魂は小さくて赤く、大人のは大きいけれど赤みが薄く、老人のは青いといい、ウェールズでは、大人のは大きくて赤く、子どものは小さくて薄い青色をしているという（拙文「『命の星』のフォークロア」『N＆Q』一九〇七年七月一三日号、三四ページを見よ）。ギリシャの島々では、火の玉を、空中にいる鬼が死者の魂が天に昇るのを邪魔して起こるのだという（ベント『キクラデス諸島』一八八五年、四八ページ）。中国の葬式に「復」の式というのがある。復とは、魂を取り戻すことを意味する。死人の衣を替えるのにさきだち、浄めた衣を持って屋根に上がり、北に向かって「還りたまえ」と三度呼びかけ、それから魂を包むための衣を持って下り、絹紐でくくって魂が去るのを防ぎ、生前と同じように飲食を供し、何日か経ってから遺体を葬る。この儀式は現在も行なわれているところがあるという。

［……］ホス人、バンクス島民、フィジー島民らも、死人の魂を呼び戻してから葬るというが、現在でもそうしているかはわからない（拙稿「北方に関する中国人の俗信」『ネイチャー』五一巻三二ページ、一八九四年）。ジョージ・ブラウンの『メラネシア人とポリネシア人』（一九一〇年、三九九ページ）に、南洋のヨーク公島民は人魂を幽霊とするとあるが、魂結びのことなどは書かれていない。本邦で嫉妬深い妻の生き霊が火の玉となっ

て、夫の死んだ妾の墓に行き、その火の玉と戦って勝ったという話があったと記憶しているが、出所を忘れてしまった。(『全集』二巻)

日本、中国、デンマーク、ウェールズとまさに世界各地にわたっています。このあとも、中国の『晋書』、日本の『古今和歌集』、イギリスのジェイムズ・プラット・ジュニアの論考などが次々と示され、壮大な論が展開されていきます。それにしても、人魂の色が地域によって異なるというのは不思議ですね。

第二章　夢のお告げ

ピトフォラ・オエドゴニアの発見

一九〇〇年一〇月にロンドンから帰国した熊楠は、神戸港から和歌山の実家をめざします。しかし、父親の弥兵衛は在米中の一八九二年に、母親のすみは在英中の一八九六年に亡くなっており、弟の常楠が家を継いでいました。しばらくは和歌山市近郊でフィールドワークに勤しみながら実家で暮らしたものの、「弟のところに寄食［……］香の物と梅干しで飯を食わされました。これは一五年もヨーロッパ第一のロンドンで肉食をつづけたものには、たえがたい難事でした」（「履歴書」）などと、次第に身の置きどころがなくなり、いたたまれなくなったのか、一九〇一年一〇月末に和歌山県南部の勝浦、那智へ移りました。

そんななかで、ロンドン時代から投稿をつづけていた『ネイチャー』への復帰作となったのが、一九〇二年七月一七日号に掲載された「ピトフォラ・オエドゴニア」でした。一九〇二年五月一六日の日記には、「『ネイチャー』の編集者へ、ピトフォラの顕微鏡標本二個入り木箱および書状一通を出す」と書かれており、実家にいた時期にあたる一九〇一年一〇月三〇日に採取した淡水藻類の顕微鏡標本（プレパラート）に、書状を添えて編集部へ送ったというのです。標本を送りつけられた編集部は驚いたでしょうが、さすが懐が深く、藻類研究者のハウズ教授によるコメントを付すかたちで掲載されました。掲載号は八月二五日に熊楠の手元に届き、日記には「『ネイチャー』七月一七日の分着。p.279に同誌編集者に送った *Pithophora* のことおよびProf. Howesの答えが出た」とあります。

ピトフォラとは、アオミソウ科という淡水に分布する緑藻の一種で、いくぶん遠いのですが、マリモもこの仲間です。一八七八年にアメリカ北部で発見されたのが最初で、熊楠自身も一八九一年にフロリダで採取したことがありました。それが東洋で初めて確認されたというのが、「ピトフォラ・オエドゴニア」の主旨でした。熊楠は在英中にイギリス・バーミンガム大学の藻類学の大家であるウェスト教授から、この仲間の藻類が東洋にも何種類かあるものの、よくわかっていないと聞かされており、探してみる気になったようです。すでにあらゆる植物について、国の隅々まで調べつくされていたイギリスと異なり、日本にはまだまだ未調査の領域が広がっていたのでした。

この発見・報告には、熊楠自身も予期していなかったほどの評価が与えられました。ハウズのコメントには、「[南方熊楠]氏は、一八九一年から一八九二年にかけて、フロリダ州ジャクソンヴィル付近でみずから採集したピトフォラ・オエドゴニア・ヴォーシェリオイデス[……]と細部にわたってよく一致しているので、氏は両者を同じ種と考え、意見を求めている。[……]旧世界のどこかで報告された種はあっただろうか」とあり、アメリカでの分布と比較できる点が重要でした。新種の発見はもちろん大切ですが、既知の種であっても、まったく新しい地域での確認には重要な意味があったのです。気をよくした熊楠は、つづけて「ピトフォラの分布」（一九〇三年四月二三日号）を執筆しており、こちらでも「日本在来種であることの証明となると思われる」と東洋を強調する論調が見られます。

「ピトフォラ・オエドゴニア」で学界への復帰をはたした熊楠は那智で本格的なフィールドワークに乗り出し、これが熊楠の後半生を決定づけることになりました。以後、ほとんどの時間を紀南で暮らし、キノコや変形菌の研究にとりくんでいくことになるのです。

イギリスの植物学界から期待されていた熊楠

少し話がそれますが、熊楠といえば変形菌（粘菌）を連想する方が多いでしょう。しかし、実際には熊楠はキノコやシダ植物をふくめ、幅広い関心をもっており、変形菌だけを研究していたわけではありません。ですので、熊楠と、うねうねと不定形で、ときには人智を超えた能力をみせる変形菌のイメージを安易に結びつけるのは危険です。熊楠が変形菌を扱うようになったのは、帰国に際して大英博物館の植物学部長ジョージ・マリーから、日本では隠花植物の研究が遅れているから、やってみてほしいと頼まれたのがきっかけだったようです。隠花植物とは、いまではあまり使われなくなった言葉ですが、文字どおり、花を咲かせない植物のことをさし、シダ植物、苔、藻類、キノコ、変形菌などをふくみます。ウェストも似た依頼をしていたわけで、熊楠の帰国にはイギリスの植物学界で大きな期待がかけられていたことがわかります。

「夢のお告げ」で植物のありかを知る

「ピトフォラ・オエドゴニア」の発見については、神秘的な逸話があります。土宜法龍宛書簡（一九〇三年七月一八日付）には、こんなことが書かれています。

一昨年［一九〇一年］九月末、吉田村（和歌山の在）の聖天《しょうてん》へお参りすれば、かならず件《くだん》の藻があるという夢を何度も見ました。そのため一〇月一日、右の聖天へお参りはしなかったものの、そのあたりをなんとなく歩いてみました。しかし、一向に見つかりません。そのうち、弟の出向いている紡績会社の近くに池を掘ったところがありました。［……］そこに黒みがかった緑の藻が少し浮かんでいました。［……］さて、顕微鏡で見ると、まさに夢で見たピトフォラ属であるのみならず、自分が米国で発見したまさにその種だったのです。（『南方熊楠　土宜法竜　往復書簡』）

これが熊楠が「夢のお告げ」を語った最初のものです。ちなみに、この書簡では有名な南方マンダラが図示されています。熊楠の世界認識を立体的な図にしたもので、真言密教と西洋の

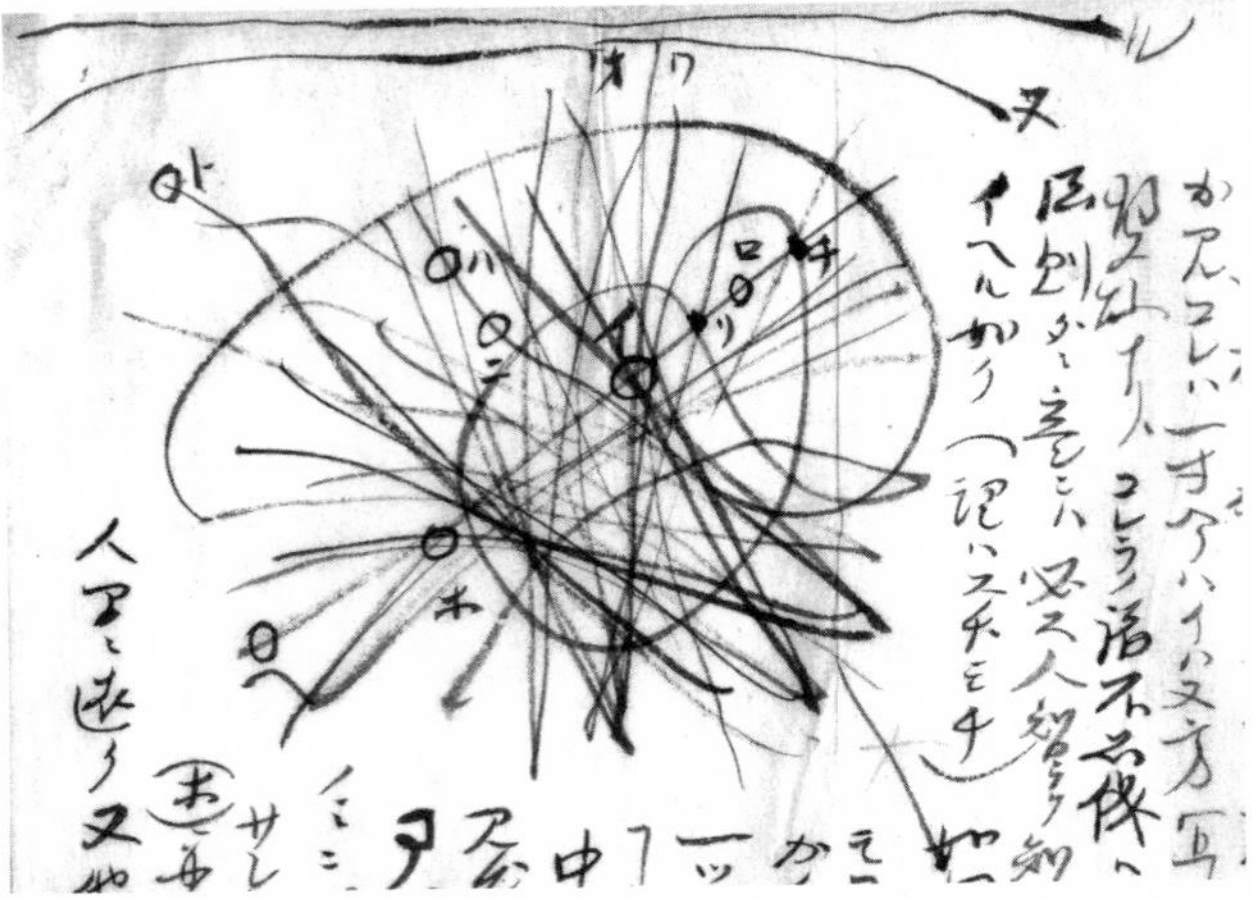

土宜法龍宛書簡に描かれた南方マンダラ。南方熊楠顕彰館（田辺市）所蔵

認識論が混じりあったものと考えられていますが、いまだ充分には解き明かされていません。関心のある方は、『南方熊楠大事典』の解説がわかりやすいでしょう。

さて、「夢のお告げ」の言説は以後もくりかえされ、「千里眼」（『和歌山新報』一九一一年六月一〇～一八日に連載）には、このようにあります。

> 和歌山にいたころ、ある朝、夢に亡父があらわれ、ピトフォラ・オエドゴニア・ヴォーシェリオイデスを獲りたいのなら、今日、日前《ひのくま》神宮に詣でよと告げられた。その日は幸いにも晴天だったので、日前神宮にお詣りして、帰途でいろいろな藻を集めたが、件の種は見つからなかった。

夕方近くになって、和歌山市の東郊、畑屋敷へ向かう道ばたに、紡績会社のために新しく掘った小さな池があった。そのなかに、一塊の暗緑色の藻が浮かんでいた。［……］家に帰って顕微鏡で調べたところ、夢で見た種類の藻であった。（『全集』六巻）

ピトフォラを探していたところ、夢に父親があらわれ、その教えにしたがって行動したら、見事に発見できたというのです。土宜法龍宛の書簡では、夢で見たとのみ述べられていたのが、こちらでは父に教えられたことになっています。ちなみに、わたしの夢にもたまに亡父が出てきますが、役に立つ情報を伝えられたことは一度もありません。

熊楠の亡父のお告げは、ピトフォラの一回かぎりではありませんでした。那智に移ってからも、珍しい植物のありかを教えてくれています。ナギランの発見がそれで、これも「千里眼」で語られているものです。

ナギランという蘭は、［……］那智にいるとき、ある朝早く起きて静かに座っていると、亡父の姿がありありとあらわれ、言葉を発しないまま、どのようにしてか、宿から数百メートルのところにナギランがあると知らせてくれた。あまりに長く独居していると、こうした妄想が生じるものだと思って捨て置いたが、翌朝も、翌々朝も、つづけて一〇回あまりも同じことがあった。その場所は宿から近いけれども、そのときまでまったく近づいたこともなかった。あるとき親戚の家の手代が来たので、このことを話し、ともに行ってその場所を探すと、一株のナギランを得た。その日はどんなに探しても一株しかなかったのに、翌日ひとりで行くと一七株が得られた。その後も少しずつ探したところ、その近傍で結局四〇株ほどもあった［……］。（『全集』六巻）

ナギランはシュンランの仲間で、赤紫色の花弁と三方向に伸びた萼片《がくへん》が特徴の可憐な花です。葉が梛《なぎ》の葉に似ていることから名付けられました。現在は絶滅危惧種に指定される珍しい植物です。熊楠によれば、江戸期の飯沼慾斎《よくさい》『草木図説』や小野蘭山『採薬志（採薬記）』では紀南に分布すると書かれているものの、採取されつくしたためか、天然のものはきわめて希少で、牧野富太郎ですら栽培品しか見たことがなかったといいます。東洋では中国の影響で古くから蘭が珍重され、さらに明治末に胡蝶蘭が日本に入ってきたことで蘭ブームが起き、野生の蘭の乱獲が進んでいたのです。

幽霊が教えるままに

「履歴書」では、微妙に内容が変わって語られます。

このほかにも発見したことが多くあります。ナギランというものなどは（またステファノスヘーラという、ヨーロッパでまれにアルプスの絶頂の岩窪の水に生じる微生物も。那智のような低い山にはふつうは存在しないもの）、幽霊があらわれて教えてくれたとおりに、その場所に行くと、たちまち見つけることができました（植物学者にこうしたことが多いのは、以前から書物で知っていました）。また、私がフロリダにいたときに見つけたピトフォラ・ヴォーシェリオイデスという藻類も、明治三五年［一九〇二年］にちょっと和歌山へ帰った際に、白昼に幽霊が教えるまま、その場所へ行って発見しました。今日の多くの人間は、利を求め、みずからの欲にまどわされるあまり、脳の力が曇って、このようなことがまったくできなくなっていますが、まったく閑寂な地にいて、心に世俗の煩いがないときには、脳の不思議な力がいろいろと働きだすものなのです。

ここでは「幽霊」が教えてくれたことになっています。父親はすでに亡くなっているので、幽霊というのも誤りではないでしょうが、夢に出てきたひとを幽霊と呼ぶのは、わたしにはどこか違和感があります。そもそも、仮に父親であったとして、なぜ藻類やナギランのありかを知っていたのでしょうか。藻類に相当詳しくなければ、ピトフォラを見分けることはできないはずです。熊楠の父の弥兵衛は根っからの商売人で、植物学や博物学には関心がありませんでした。幼少時の熊楠が『和漢三才図会』をほしがったときも、叱ってやめさせたほどです。このほかピトフォラを見つけたのが一九〇二年と書かれているのも、法龍宛書簡で一九〇一年のこととされていたのと異なります。

植物学者にこうしたことが多いというのは、イギリスの心霊現象研究協会（第五章で詳述）の報告にあった、植物学者が霊感によって珍しい草木を発見した事例を読んでいたようです。別の箇所では、江戸期の石の蒐集家として知られる木内石亭が、その著書の『雲根志』で、奇異な石が手に入るまえに夢に見たと記していることもあげています。とすると、熊楠の話も、博物学者的にはありふれたことだったのでしょうか。ほかにも「千里眼」には、ウチワカズラ（グンバイヒルガオ）の夢での予知も記されています。また一九四〇年六月一三日の日記には、「十時半起きる。その前に日光らしき山中で何か植物を穫ろうとしていた。そのとき故鳥山《とりやま》啓《ひらく》先生があらわれ、［……］植

ナギラン　©Gakken/amanaimages

物の名に関係があると教えられると夢みて覚める」といった記述もあります。鳥山は、熊楠の和歌山中学時代の恩師にあたる本草学者/博物学者です。

『猫楠』でも、「第二話　那智山中の幽霊村」に、美しい裸の女性の幽霊たちに囲まれ、歓待されるシーンがあり、翌朝になって熊楠が「バカみろ俺は父はんの幽霊に案内されて/世界でもめずらしい粘菌を手に入れたんじゃ」というシーンがあります。ナギランではなく粘菌に変更されているのは、作劇上の都合かと思われます。色っぽい女性の幽霊には、水木が田辺新地で芸者たちを呼んで取材した体験が活かされているのでしょう（第一〇章で後述）。

さて、こうした「夢のお告げ」を熊楠は本当に体験していたのでしょうか。ここまで見てきただけでも、かなりの矛盾がふくまれていることに気づいた方が多いのではないでしょうか。こうした疑問はかねてから指摘されてきていました。南方熊楠研究会の初代会長である武内善信が、『闘う南方熊楠』で述べるところから、簡単に紹介しておきましょう。

「千里眼」と「履歴書」では、そもそもナギランのありかを教えてくれたひとについての表現が異なります。前者では「亡父」とされ、後者では「幽霊」となっているのです。もちろん、亡父の幽霊ということなのかもしれませんが、それならば「履歴書」で「父親の幽霊」と書かなかった理由がわかりません。

発見地も異なります。法龍宛書簡では聖天宮法輪寺でしたが、「千里眼」では紀伊国一宮の日前宮になっています。法輪寺は吉田、日前宮は秋月と別の地域です。細かいことをいえば、寺ないし神社に参詣したのかしなかったのかも異なります。そもそも、日記から確認できるピトフォラ発見の日付と、ほかのさまざまな語りを比較すると、これがまったく合わず、なにより日記には夢のことがまったく書かれていません。第六章でとりあげますが、熊楠は見た夢の記録をこまめに付けていました。これだけ重要な夢なら、絶対に記録を残しているはずです。

武内があきらかにしたのは、熊楠の「夢のお告げ」には、さまざまな矛盾があり、語るたびに内容が変化しているなど、とても信じられるものではないという事実です。驚異的な記憶力を誇った熊楠ですから、うっかりまちがえたとか混同したとかは考えにくく、作為にもとづく記述とみなすべきでしょう。

また、一九〇四年四月二〇日の日記には、「この朝、山芍薬《やましゃくやく》が得られると夢に見た」と記されていますが、実際には蛾がとれたのみで、空振りに終わる「お告げ」もあったことがわかります。ちなみにこの夢が、のちの熊楠の文章に登場することはありません。

このように聞くと、がっかりされる方も多いかもしれません。もちろん、熊楠が超能力者だったと本気で信じているひとは少ないでしょうが、我々研究者であっても、熊楠の「特別な力」にはどこか期待してしまうところがあります。

では、これを熊楠の法螺ないし嘘とみなすべきなのでしょうか。わたしもかつては、そのように位置づけるのが妥当だと考えていました。ですが、熊楠の人生や内面世界を深く知るにつれ、もう少しちがった解釈もありうるのではないかと思うようになったのです。なぜ熊楠は「夢のお告げ」や幽霊による教示にこだわったのでしょうか。

「履歴書」と呼ばれる書簡

ここで先にふれた「履歴書」について紹介しておきましょう。通称「履歴書」は、日本郵船の大阪支店副長を務めた矢吹義夫宛に書かれた書簡です。一九二五年一月三一日の早朝五時前からとりかかり、一週間ほどかけて書き上げられました。

天地一八・二センチメートル、長さ七八〇センチメートルの巻紙に、毛筆の細かな字でびっしりと書かれており、計約五万八〇〇〇字におよびます。長い手紙を多く残した熊楠ですが、そのなかでも最大級の力作といえ、受けとった矢吹もびっくりしたのではないでしょうか。なお、「履歴書」という呼び名は、日記の「予履歴書様の長文」という記述からきており、そのとおり、南方家の出自と由来、幼少時のこと、『和漢三才図会』との出会い、アメリカやイギリスでの生活、『ネイチャー』への投稿、帰国後の那智での採集活動、神社合祀反対運動での活躍ぶりなど、半生をふりかえって語られています。

この書簡が執筆されたきっかけは、一九二四年、矢吹が大日本紡績連合会へ彫像を贈呈するにあたり、熊楠の弟子の小畔《こあぜ》四郎に相談したことでした。綿の神というものがもしいれば、モデルにぴったりなのではないかと熊楠に問い合わせたところ、綿が日本に伝わったのはそれほど古いことではないので、神もいないだろうとの回答が届きました。熊楠の博識ぶりに感銘を受けた矢吹は、当時、設立をめざしていた南方《みなかた》植物研究所の基金募集の一助になれるのではと考え、略歴を教えてほしいと依頼し、それに応えたのが「履歴書」なのです。そのなかで「夢のお告げ」といった神秘体験が語られているということは、それが熊楠にとって人生における重要な出来事であり、なおかつ周囲に「真実」として伝えたい内容であったことを示しています。

熊楠は自分語りが大好きで、さまざまな場で思い出話を披露しています。土宜法龍や柳田国男宛の書簡のほか、知人や新聞記者に語ったものもずいぶんあります。これが杉村楚人冠《そじんかん》「三年前の反吐——隠れたる世界的の大学者」（一九〇九年）や福本日南「出てきた歟《か》」（一九一〇年）、天鐘生「南方先生を訪《おとな》いて」（一九二三年）などで活字となり、まわりまわって「熊楠伝説」が世に広まっていくことになるのです。

「履歴書」の大部分は事実に即した内容です。しかし、ミシガン州立農学校でのアメリカ人学生相手の武勇伝や、大英博物館で館員となるよう請われたものの辞退したエピソードなど、いまでは否定されているような誇張や嘘もかなり混じっています。そして「夢のお告げ」についても、かなり疑わしい部分があるのです。このように「真実」として語っている内容にまで法螺や誇張があることも、熊楠の神秘体験が、いっぽうでは極端に賞賛され、他方では厳しく指弾され、バランスのとれた解釈がなされてこなかった原因となっています。

なお、こうした熊楠の誇張を検証し、等身大の姿をあきらかにする実証的研究が一九九〇年代半ばから行なわれており、わたしも基本的にはその方向性のもとに活動しています。

第三章　神通力、予知、テレパシー

熊楠、神通力を発揮する

一九二〇年代半ばになると、かつては亡父や幽霊に夢で教えてもらっていたものが、熊楠みずからが神通力を発揮し、予知するようになります。他者の力や恩恵から、自分の超越的な力へ移行したわけで、いわば神秘の主体が自身となったのです。

三田村鳶魚《えんぎょ》宛書簡（一九二六年四月二八日付）では、こんなことが語られています。

ご依頼の件は、熊公が神通力を発揮し、予知していました。ちょうど二五日の夜に、短文をひとつしたため（「一寸法師」という題）、二六日の早朝（おはがき拝受より三時間ほど前に）、柴田泰助氏宛てに差し出しておきましたので、ご掲載をお願いします。（『熊楠研究』六号）

三田村鳶魚（一八七〇～一九五二年）は江戸の考証史家として知られた人物で、熊楠同様に在野のまま研究をつづけ、膨大な著作を残しました。三田村が主宰した雑誌に『彗星——江戸生活研究』があり、そこに熊楠は「輪講」と題して、井原西鶴作品などに蘊蓄《うんちく》を傾ける文章をしばしば寄稿していました。この書簡で言及されている「一寸法師」という論考は、「一寸法師と打出の小槌」（『彗星』一年二号、一九二六年五月）のことで、前号の巻頭に出た三田村の「お伽草子輪講一寸法師」について、海外からの類例を寄せたものでした。

熊楠が「神通力」といっているのは、三田村からの寄稿依頼が届く前に原稿を執筆・郵送していたということです。そのあとで、三田村からのこんな書簡が届いたのでした。


このほど例の連中にて『彗星』をはじめ、［出版社の］春陽堂から献本が届いているはずです。それをご覧になったうえで、ご高文を一篇ご寄稿いただけないでしょうか。お願いいたします。（『熊楠研究』六号）

この寄稿依頼が来るよりさきに、熊楠は一文を投じていたのです。たしかに、すばらしいタイミングであり、誇らしげに語りたくなったのも理解できます。ただ、熊楠の執筆スタイルは、前述のように、雑誌に掲載された論考を読んで、みずからの知識にひっかかるものがあれば、依頼があろうがなかろうが、どしどし投稿するといったものでした。神通力とまでいうのは、さすがに大げさでしょう（この一連のやりとりは、早稲田大学の雲藤等と新潟大学の原田健一によって翻刻されています）。

ちなみに、このとき熊楠が神通力によって寄せた文章はこのようなものです。

一寸法師の話は外国にも多く、主人公たる小男をトム・サム、リトル・サム、サムリング（小さな親指）、またはツェツィノ（ひよこ豆）などと呼ぶ。どの話も一寸法師の話とだいぶ違うが、似通ったところも少なくはない。まず、その多くは父母が子どものないことを憂いて祈ったところ、この小男を授かって産んだとある。グリムの童話に、親指小僧が家を出て世間を見たいというので、父親の裁縫師が針の頭に封蠟を付け、これを腰に付けて刀にせよと授けたということなどは、一寸法師が針を姥にもらって刀にしたのとはなはだ近い。また［ジョージ・］ダセントの『北方よりの民話』に載っている親指大の小男が皇女をめとりに行く趣向も、一寸法師が宰相の娘をのぞんだことにいくぶん近い。

それから打出の小槌の話は［……］これと大同小異の物語がジャムブハダッタ［正しくはジャムブハラダッタ］の『屍鬼二十五話』に出ている。そしてこの書物のモンゴル語訳が有名な『シッディ・クール』だから、打出の小槌はもとはインドに起こった話で、モンゴルもしくはその近隣から新羅、そして中国へ伝わったものとみえる。（『全集』四巻）

打出の小槌の物語の起源を、みごとに解き明かしてみせています。この分析自体が切れのあるものですから、ことさら神通力といったもので味付けする必要はなかったのではないかと思いますが、やりすぎなくらいやりすぎるのが熊楠のつねでした。

この年の秋には、熊楠の変形菌研究の弟子で、経済的支援者でもあった上松蓊《うえまつしげる》（一八七五〜一九五八年）にも似たような手紙を送っています。一九二六年一一月九日付書簡に、このようにあります。

黒井というひとは、偏狭で女ぎらいだそうですが、三村氏から教えてもらう前から、神通力によってそのことを知っていました。（『全集』別巻一巻）

黒井治徳という人物が雑誌『集古』に載せた文章に、熊楠が不備があるといっていろいろ指摘したところ、猛反撃をくらったことがありました。そのとき、『集古』の編集者の三村清三郎（竹清）が、黒井のひととなりを教えてくれたのですが、伝えてくる前からわかっていたというのです。しかし、逆上して反撃してくるような人物であれば、とくに編集者から教えてもらわなくても、文章などから推測できるのではないでしょうか。というか、熊楠もしばしば理不尽な反論をくりかえした人物であり、「おまえが言うな」とわたしは思いますが。

熊楠の予知

つづいて、知人の死を予知した件について見てみましょう。一九二二年五月六日の「牟婁新

報」に掲載された「上京日記」では、

宇治田虎之助氏は、六、七歳ころからの友人で、その名が示すとおり寅年生まれで、わたしより一歳年上だった。小さな米屋のせがれから身を起こして陸軍大佐にまでなったが、奉天の戦いに一戸将軍の副官として奮戦中、大砲で胴より上を粉砕され、壮烈な戦死を遂げた。そのころわたしは那智から田辺へ移る途中で、大黒屋という宿に泊まっていると、夜中に突然電灯をともしたように明るくなり、目を覚ましてみると、宇治田氏が軍服を着て洋刀を打ち鳴らして室内を横切り、いなくなると同時に真っ暗闇となった。〔……〕変なことだと思ったが、そのままにしているうち、田辺へ来て氏の戦没を聞き知った。（『全集』一〇巻）

とあります。これは、日記から確認してみると、一九〇四年九月一九日に「宇治田虎之助の霊に呼びかけたところ、あらわれた。いま徴兵召集主務少佐だと言ったように思った」と書かれているのが該当するようです。やがて宇治田は日露戦争に第九師団野戦砲兵第九連隊長として出征し、一九〇五年三月一日に、奉天の会戦で四方台を攻撃中に戦死しました。そのことを熊楠は約半年前に予知していたというのです。

ほかにも、一九一三年一二月一九日の日記には、友人の医師であった目良三柳《めらさんりゅう》の長男が病死したのを夢で予知したとあります。

テレパシー

『N&Q』に掲載された論考に、「双子とテレパシー」（一九一一年八月一九日号）があります（テレパシーにあたる英文の原語は「セカンド・サイト」ですが、『南方熊楠英文論考［ノーツ アンド クエリーズ］誌篇』として翻訳を出す際に、内容からテレパシーと訳すのがふさわしいと判断しました。セカンド・サイトとは「透視」や「千里眼」のことです）。この論考もやはり熊楠が先行する議論に回答したものでした。発端は自身が双子だという人物からの投稿で、双子はほかの双子を見分けられるという説を紹介し、双子のもつ特別な能力について尋ねたところ、これに対して、遠方のことがわかったり、凶事を予知したりする力について、数人から回答が寄せられました。当時のイギリスで、双子が特別な力を有することは、共有されたイメージだったことがわかります。熊楠の回答は次のようなものでした。

故フレデリック・W・H・マイヤーズは、『人格とその死後存続』（一九〇三年、一巻二七二ページ）で、ジェイムズ・キャロルという執事が「また別の心霊的体験をした。何かが見えたといったものではなく、双子の弟への思いとともに激しい疲労と悲しみが伝わってきたのだが、それは遠方に住む弟が不治の病にかかった日のことであったという。そして危篤を知らせる電報を受けとる直前にも、ふたたび感じたという。ガーニーの行なった、親族間のテレパシーの分析では、この種のコミュニケーションは双子間でとりわけ起こりやすいとされており、興味深い事例といえる」。

「……」こうした緊密な相似性が双子にあるかどうかの真偽は別として、日本、少なくとも当地では、親は気をつかって、双子にまったく同じものを食べさせたり、同じ衣服を着させたりする。靴の紐の色がわずかに違っても、劣った方の子にとって不利、あるいは致命的とすら信じられているのである。

マイヤーズのあげる例は、いまでは漫画などでお馴染みの表現でしょう。

この論考を「双子とテレパシー」と訳した理由は、もうひとつあります。実はマイヤーズこそがテレパシーという言葉をつくりだした人物で、一八八二年にラテン語の「離れた」を意味する tele と「感じる」の pathos から造語したのでした。マイヤーズについては第五章でとりあげますが、当時のイギリスでは、テレパシーのような不可思議な現象がさかんに話題にされていました。ここまでは主として熊楠の体験した奇妙なできごとについて述べてきましたが、それは熊楠の個人的な関心・発想というだけではなく、広く同時代的に共有された問題意識だったのです。なお、現在ではテレパシーというと、言葉などのはっきりしたメッセージをやりとりできる能力のように思われていますが、パシーが「感じる」から来ているとおり、もともとはそこまではっきりしたものではなく、感覚や感情がなんとなく伝わるくらいの現象を想定していました。

熊楠は「真偽は別として」と、テレパシーについての議論は避けています。心から信じていたわけでも、頭から否定するわけでもなかったということでしょう。そして論考の後半部分で、和歌山での双子にまつわる慣習をとりあげています。質問への回答として適切かは疑問ですが、食べるもの、着るものなどが完全に一致するよう気をつかい、もしそうでないと「劣った方の子」に不利、あるいは致命的なことが起こるというのです。

この話題は日本語でも「多乳房と多胎産」（『大日』二五七号、一九四〇年一〇月一五日）として紹介されており、こちらでは具体的な不幸の例が示されています。

双児、三ツ児の育て方は、とても難しく［……］一切の手当て、飲食、着るもの、髪型・月代《さかやき》までも少しの偏りもなく、いたって均等にしてやらなければ、たちまち不測の大病にかかるから、なみたいていの親には養いうるものではない。［……］三〇年ほど前、わたしの知人で、双児の扱いにいささか偏りがあったのを、親が気付かずに過ごしていたところ、兄のほうが痴呆化して行方知れずとなり、数日後に近所の林のなかで自殺していたという例があった。ゴールトンやマイヤーズの大著によると、双児、三ツ児の相互の連感は精妙をきわめ、しばしば万里を隔てて同日同時刻に同じ夢を見、同じことを予知し、一方が変死すると他方も急病で終わることなどもあるようだ。人間にかぎらず、長年にわたって蛙や亀を孵化させてきたが、しばしばそうした例があった。（『全集』五巻）

このように日本、とくに和歌山では、双子を慎重に扱わないと大きな病気をしたり、不幸を呼んだりするというのです。しかし、それを蛙や亀と並べているのは、熊楠のユーモアなのか、それとも本気で例証しているのか……。蛙や亀たちも実はテレパシーで通じあったりしているのでしょうか。

熊楠は「千里眼」でも、テレパシーを話題にしています。

たしかにいままでも、暇つぶしで、ひとと無用の雑談をしていて、話の種に困ったときなど、こちらのまさに言おうとするところを相手が言い、相手のまさに言おうとすることをこちらが言い出して、その奇遇に驚くなどの例は少なくないので、変態心理学者《サイキアトリスト》のいわゆる以心

伝心くらいのものがあることを、わたしは疑わない。（『全集』六巻）

右の「以心伝心」がテレパシーのことです。以心伝心という表現だと、なんだかそれらしくありませんが、当時はこうした訳語が使われていました。変態心理学者の「変態心理」とは、アブノーマル・サイコロジーの訳語で、現在の異常心理学にあたる言葉です。けっして性的な意味でのものではありません（ただし、性にまつわるテーマもふくむところがややこしいのですが……）。熊楠も精神医学者の中村古峡《こきょう》が主宰した『変態心理』という雑誌に、屍愛《しあい》についての論考を掲載しています（第七章で詳述）。

妻とテレパシーでつながる

「履歴書」には、こんな一文もあります。

わたしが旅行して帰宅する夜には、別に電信などを出さなくても、妻は用意をしていてくれます。これはラポールというもので、特別につながりの強い相手にこちらの思いが通じるので、帰宅する前、妻の枕元にわたしがあらわれて、呼び起こすのです。東京にいたときには、末広一雄などが今夜来るといいなと強く思っていると、「末広が」なんとなくわ

たしのところに来たくなり、来たことがしばしばありました。（『全集』七巻）

妻の松枝との強いつながりを思わせる内容ですね。たんに松枝がよくできた妻だったからという可能性もありますが。ここでもやはり熊楠自身が枕元に立っている点は注目です。ほかにも一九二二年に東京へ植物研究所の設立資金を集めに行ったとき、協力してくれた新聞記者・末広一雄へ思いが通じたといいます。ラポールは原文では「rapport《ラッポール》」とあるもので、もともとオーストリア出身の医師フランツ・アントン・メスメルが、メスメリズムと呼ばれる催眠療法を施術する際に、患者とのあいだの関係性について呼んだものでした。一般には、感情の共有や親密さといった意味で使われます。

さて、神秘の主体が亡父や幽霊から、自分自身に移ったということは、大きな転換を示唆しています。第一章、第二章でとりあげた神秘体験は、いずれも魂の実在にかかわる問題でした。しかし、この転換はそうした問題に対する関心が薄れたことを意味しています。神通力、テレパシー、予知は、みずからの精神的な力に関わるものだからです。

第四章　アメリカ・イギリスの神秘主義と幽霊

ブラヴァツキー夫人を読む

ここまで熊楠の幽体離脱、「夢のお告げ」、神通力・予知・テレパシーについて見てきましたが、その真偽、正体、実態に迫るには、熊楠のアメリカ、ロンドンへの遊学時代にさかのぼる必要があります。

熊楠は一七歳で東京へ出て、大学予備門（現在の東京大学）へ進学します。同級生には、夏目漱石、正岡子規、日露戦争で活躍した軍人の秋山真之、国語学者の芳賀矢一らがおり、近代日本をかたちづくっていく学年となりました。しかし、熊楠は授業に出ずに図書館へ入りびたり、また精神的な問題もあって、一八八五年一二月の試験で二回目の落第をしてしまいます。代数が不合格となったためですが、のちの日記にも計算まちがいが多く、どうやら数字が苦手だったようです。ただし、このとき一一三人の同級生のうち四七人が落第していることは、熊楠の名誉のためにも言い添えておきましょう。結局、熊楠は一八八六年春に中退し、アメリカへ渡る決意を固めます。

一八八七年一月八日にサンフランシスコに到着した熊楠は、パシフィック・ビジネス・カレッジという商業学校に入学します。父親の意向を受けてのものでしたが、早くも八月にはビジネスマンとしての将来に見切りを付け、ミシガン州立農学校に移ってしまいます。植物への関心を優先したとはいえ、父の期待を裏切ったことは、熊楠の一生の悔恨として残りました。ただし、農学校でも授業にあまり熱心でなかった結果、一八八八年一一月に中退し、それからは独学の人生を歩んでいきます。

　熊楠に神秘的なもの、心霊学的なものへの関心があらわれたのは、アメリカ時代のことでした。一八八八年六月二〇日に、ニューヨークの古書店からブラヴァツキー夫人（一八三一～一八九一年）の『ベールをとったイシス』（一八七七年）をとりよせたのです。二冊組で代金は七ドル半でした。このころ、ほかにもホレス・ウェルビーの『生命、死、未来の謎』（一八六一年）、イギリスのフリーメーソン系のオカルティストであったジョン・ヤーカーの『古代の科学と宗教の謎――グノーシスと中世の秘教』などを入手しています（すべて顕彰館に現存）。いずれも心霊主義、神秘主義、スピリチュアリズムに分類される書籍です。スピリチュアリズムとはスピリット、すなわち霊的なものの存在を信じる思想で、とくに一九世紀後半以降に、霊的なものとの交信によって神秘的な体験を得ようとする

ブラヴァツキー夫人
©Mary Evans/amanaimages

動きが広がりました。その代表がブラヴァツキー夫人と、彼女を中心に結成された神智学協会だったのです。これらと熊楠との関係については、桐生大学短期大学部の橋爪博幸が研究しています。

ブラヴァツキー夫人は、一八三一年にウクライナ貴族の娘として生まれたと自称する人物で、一八七二年にアメリカに渡って神秘主義の活動を始めます。当時のアメリカでは、心霊主義やオカルトが大流行していました。一八四八年にニューヨーク州のハイズヴィルで幼いフォックス姉妹がラップ音に悩まされ、やがて死者との交霊に成功したのをきっかけに、各地でさかんに降霊会が行なわれていたのです。霊との交信を司る霊媒が活躍し、テレパシー、自動筆記、心霊写真、予知なども試みられました。ブラヴァツキー夫人はもっとも成功した霊媒で、アメリカとイギリスをまたにかけて活躍し、主著である『ベールをとったイシス』では、ブッダ、プラトン、モーゼ、イエス、ヘルメス主義、グノーシス、カバラなどをとりいれつつ、古代の叡智や神聖な真理への信奉を説きました。この本がベストセラーとなったことは、当時の心霊ばやりを証明しているでしょう。

ブラヴァツキー夫人が、神秘主義者H・S・オルコットらの協力を得て、一八七五年にアメリカで結成したのが、神智学協会でした。神秘思想／スピリチュアリズムの団体では、おそらくもっとも有名なものと思います。神智学協会は、既存のキリスト教を批判し、高位の霊的存在との交流を通して人間としての完成をめざす擬似宗教的な団体でした。指導者/真理を東洋に求めた点にも特色があり、一八七九年にはインドを訪れ、現地のグルを霊的指導者として迎えています。ヨガが世界的に流行する発端となったのも神智学協会だったといわれ、仏教もまた神智学を通して西洋世界にもちこまれた側面があります。

ただし、アメリカ時代の熊楠は、『ベールをとったイシス』を購入してはみたものの、あまり関心がもてなかったようで、やがて和歌山の実家へ送ってしまいます。

イギリス時代の熊楠とオカルチズム

熊楠がニューヨークから大西洋を横断し、イギリスのリヴァプールに到着したのは、一八九二年九月二一日のことでした。二六日にはロンドンに入り、以後、一九〇〇年九月一日に日本へ向けて出港するまで、約八年間を過ごすことになります。熊楠がイギリスをめざした理由については、はっきりわかっていません。アメリカとちがって、イギリスは植生の乏しい土地です。氷河期に表土が削られたためで、たとえば一九世紀の園芸家のJ・C・ラウダンによれば、もともと自生した樹木は七二属二〇〇種しかないといいます。そのため、フィールドワークという点で熊楠をひきつけるものがあったとは考えにくいのです。おそらく学問の中心地への漠然とした憧れがあったのではないかと、わたしは推測しています。

さて、アメリカで始まった心霊主義は、イギリスでも大流行となり、さらに大陸のヨーロッパ諸国へも波及しました。一八六〇～七〇年代に最高潮に達しますが、熊楠のいたころもまださかんで、「降霊会の開かれない晩はない」といわれるほどでした。これほどまでに人気となったのは、ひとつにはキリスト教離れが急速に進んだためです。従来の天国や地獄といったイメージが信憑性を失い、死後の世界はどんなところなのか、人間は死後にどうなってしまうのかといったことに強い関心が向けられたのでした。

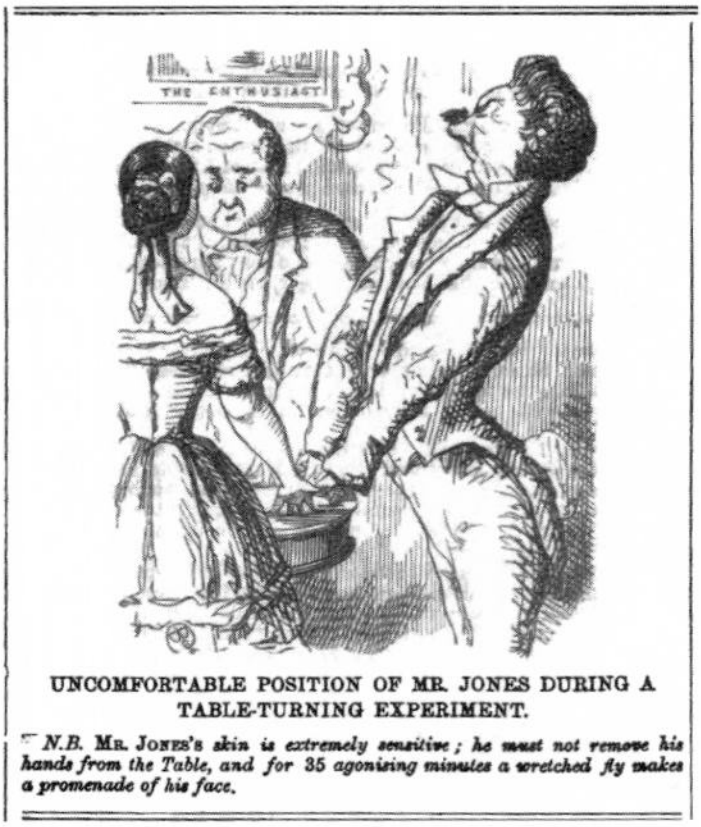
THE ENTHUSIAST
UNCOMFORTABLE POSITION OF MR. JONES DURING A TABLE-TURNING EXPERIMENT.
N.B. MR. JONES's skin is extremely sensitive; he must not remove his hands from the Table, and for 35 agonising minutes a wretched fly makes a promenade of his face.

『イラストレイテッド・ロンドン・ニューズ』より降霊会の図。降霊会では、この図のように参加者が手をつなぐのが通例だった。右の男性は鼻に虫がとまってしまい、もだえ苦しんでいる。

ただ、あくまで私見ではありますが、一九世紀の心霊主義の本質は社交にあったと思います。このころのイギリスでは、社会の新たな担い手であるミドルクラスが勃興し、上流階級を包含した巨大な社交文化が形成されていました。夜ごとパーティが開かれ、ひとびとが社交に精を出していたのです。そのなかで、降霊会は格好の娯楽として受け入れられたのでした。降霊会のひとつの定型は、真っ暗にした部屋のなかで、集まったひとたちに手をつながせ、霊媒が霊を呼び出すというものです。手をつながせるのは、不正がないことの証明であるとともに、貴重な男女の交流の機会ともなっていました。神智学協会をはじめ、多数の協会や団体がつくられたのも心霊主義・神秘主義の特徴で、そこには多くの著名人や貴族が顔を揃えていました。

さらに、神秘主義やスピリチュアリズムには、医療や心理学へとつながる側面もありました。心霊主義団体の多くは「病気を治す」ことをうたい文句にしましたし、「精神的に敏感すぎる」ひとたちが霊媒になるケースも多かったのです。霊の正体を、霊媒本人の無意識だと解釈する医師もおり、同時代のフロイトらの思想と共鳴しつつ、やがてユングの精神分析（深層心理学）へ発展していった側面もあります。

ただ、降霊会や霊媒のほとんどはトリックだったとされます。奇術が発達したのもこの時代で、舞台や社交会での出しものとなっていました。古山寛《ふるやまかん》・ほんまりうの漫画『漱石事件簿』（一九八九年）には、熊楠がコナン・ドイルとともに降霊会に出席し、霊媒のトリックを暴くシーンがあります。これはフィクションですが、実際、後述のように熊楠は霊媒のインチキに気づいていたと思われます。

一八九三年一一月（推定）に、土宜法龍が熊楠へ出した書簡があります。先述のとおり、法龍は真言宗の僧侶で、のちに高野山の管長にまでのぼりつめた人物です。一八九三年にシカゴで開催された万国宗教会議という、キリスト教、仏教、イスラム教など世界のさまざまな宗教の集まりに派遣され、そのあと訪れたロンドンで熊楠と知り合いました。以後、主として書簡を通じて熊楠と議論していくことになり、有名な南方マンダラや猫マンダラも、法龍への書簡のなかに描かれたものでした。豊富な宗教的知識を備えた法龍は、熊楠にさまざまな刺激と知識を与え、思想的に成長させてくれた存在だったといえます。いっぽうで法龍からすると、英語に堪能な情報提供者として熊楠を重宝していたようです。さて、この書簡で法龍は、

ウェストミンスター寺院のなかに「心霊現象研究協会」というものがあって、しきりに幽霊等のことを取り調べているそうですね。これには［首相の］グラッドストン氏も加わっているとか。調べて下さるよう、お願い申し上げます。

また英国にて目下「スピリチュアリズム」。これはいかに流行しているのですか、お手紙でお知らせいただけないでしょうか。シネットという仏教家はどのようにいたしておりますでしょうか。

また、「オカルチズム」。これはいかに行なわれておりますのでしょうか、これまたお尋ね申し上げます。お手紙でお知らせいただけますようお願い申し上げます。（『南方熊楠　土宜法竜　往復書簡』）

と依頼しています。さきに述べたように、神智学協会は東洋の思想を求め、インドにまで出かけるようなひとたちで、仏教思想にも関心を示し、積極的にとりいれようとしていました。これが日本の僧侶にとっては、仏教を世界化する契機として期待されたのです。明治維新を経て、ちょうど仏教が揺らいでいた時期でもあり、一八九〇年代には西本願寺の若手僧侶を中心に神智学協会についての研究が行なわれ、『海外仏教事情』、『反省会雑誌』などにさかんに関連記事が出ていました。神智学協会の初代会長を務めたオルコットも、一八八九年と一八九一年の二度にわたって来日しています。

真言宗では神智学への関心は高くなかったようですが、法龍の目には注目すべき宗教的動向として映っていたのでしょう。そのため熊楠へ、ロンドンでの状況を教えてくれるよう頼んだのです。心霊現象研究協会については、次章で扱います。シネットはイギリスの心霊学者で、神智学協会員でもありました。

熊楠は法龍へ、このように返事をしています（一八九三年一一月と推定）。

お申し越しの幽霊等の会のことは、一向に知りません。ただし、ゆくゆくはその会に伝手《つて》を求めて、一報を長谷氏までお知らせしようと思っています。またオカルチズムのことは少々読みましたが、名のみで実なきものではないでしょうか。たとえば霊験とか妙功とかいっていますが、一向にその方法などは聞きません。ブラヴァツキーのこれに関する傑作の上下二篇四冊のうちの二冊、ずいぶん大部なものを、何年か前に読みましたが、ただこんな奇妙なことがある、こんな妙な行法がある、というだけで、いわば『古今著聞集』、『今昔物語』等に、安倍晴明、加茂保憲《かものやすのり》等が式神を使ったことが多く載っているようなもので、おもしろいだけで、いっこうに核となるものがありません。もしこの本をご入り用なら、あなたの帰国したのち、お貸しします（和歌山にあるのです）。わたしはオカルチズムの本にずいぶんお金を費やしましたが、ただたんに飯を食べないひと、幽霊と話をするひとのエピソードぐらいのもので、『周易』などのような方法・理論はなんにもなく、はなはだ漠然としたものです。（『南方熊楠　土宜法竜　往復書簡』）

かなり否定的な言葉を並べています。ブラヴァツキー夫人についてもまったく評価しておらず、陰陽師が使う式神と同一視しているほどです。

一八九四年三月三日付の法龍宛書簡でも、同じようなことを述べています。

またあなたはオカルチズムのような腐ったものを、理外の理などと言って求めようとしているのですか。〔……〕周囲のことを忘れて心をもてあそぶだけの方法なので、いわばいたって狭いものなのです。そして狂人がかったことなのです。

あなたは、このようなつまらないことを、俗人に勧めようとするのですか。〔……〕またあなたが、このようなことをもって法螺を吹き、僧として衣食をまかなうタネにしようというのですか。俗人にわからないようなことを無理に敬い仰がせるのは、ひとびとを愚かにすることだと思います。またあなたは、このようなことでもって病を救い、煩いを除こうとするのですか。それならば医薬のみで充分です。さらにこのことに理屈があるといって研究するにしても、また理屈を超えた理屈があるとするにしても、何にしても通常の心理学のひとどおりのことや、諸感覚器の生理作用等を心得ておかねばなりません。さて、あなたは、自分の教えを漠然とした奇異で幻めいたものにしようとして、科学にうちこんでいるのではないでしょう。科学は理屈を調べる方法なのです。理屈を調べる学問を嫌がって、いかにしてその理屈の外の難解な理屈を知ることができましょうか。(『南方熊楠　土宜法竜　往復書簡』)

一行目は、原文での表現は、「オッカルチズムごとき腐ったもの」で、熊楠の名言（？）のひとつとして知られています。勢いのある罵倒の言葉ですね。そのあとは、法龍への諫めの言葉がつづき、オカルチズムに頼っていては、宗教の本道を外れてしまうと警告しています。

オカルト嫌いの熊楠

熊楠はオカルトや、宗教を装ったインチキを激しく糾弾しました。一九一二年五月頃に執筆され、『N&Q』に投稿されたものの未掲載に終わった「偽の断食行者」という論考があります（草稿が顕彰館に現存するため、『N&Q誌篇』で訳出）。

ヴェネツィアの公使ヨセファ・バルバロが、一四三六年から一四五二年にかけて行なった数回のターナへの旅行見聞録のなかで、次のような話を述べている。

「当地にひとりのイスラムの聖者がおり、汚らわしくも裸のままで説教をして歩き、盲信しているものたちが大勢あとに従っていた。それに飽き足らなかった聖者は、自分は四〇日のあいだ閉じこもって断食をしても平気だと喧伝した。そして森に、石と漆喰で円形の小屋をつくらせ、そのなかに閉じこもり、四〇日後に非常に元気な姿であらわれ、ひとびとを驚かせた。そのとき、たいへん疑り深い男だけが、小屋のなかから肉のようなにおいがかすかに漂ってくるのに気付き、調べて穴を見つけた。ことは裁判にかけられることとなり、聖人はひとりの弟子とともに逮捕された。壁に穴を開けて管を通し、なかにいる聖人が栄養を摂ることができるよう、夜ごと煮汁などを届けていたことを弟子が白状したのである。聖人と弟子はともに死刑となった」(ラムージオ『航海と旅行』ヴェネツィア、一五八三年、二巻一一一ページd)

『文徳実録』は八七八年に完成した日本の「六国史」のひとつである。その六巻に、次のような記事がある。

「八五四年六月、備前から来たひとりの優婆塞《うばそく》[在家の仏教徒]が京都にあらわれた。穀物はいっさい食べたことがないと誓ったこのものを、天皇は神泉苑に住まわせた。無数のひとびとが彼を一目見ようと押しかけ、数日のうちに国じゅうが優婆塞の話でもちきりとなった。彼は祈りを捧げに来たものの願いをみな聞き、とりわけ女性たちに崇められた。かくして一ヶ月が過ぎたころ、この聖人は夜ごと何升かの米をそっと水で呑みこみ、毎朝、夜明け前に厠に立っていると噂するものがあらわれた。それを聞いてひそかに調べたものがあり、噂が正しいことを確かめた。それにより、この聖人の名声は地に墜ちた[……]」

私見のかぎりでは、この種の説話の最古の記録は、龍樹《りゅうじゅ》『大品般若経注解《だいぼん》』一六巻(欠字)世紀成立)にあるものである。以下の英訳は、鳩摩羅什《くまらじゅう》による漢訳『大智度論《だいちど》』(四〇二~四〇五年)によっている。

一般に米糞上人として知られる説話で、熊楠はのち日本語にもなおし、「米糞上人の話」（一九一三年五月）として発表しています。

このほか那智の実加賀《じつかが》行者（実利賀）のことも、偽の聖者としてくりかえし批判しており、松村任三にあてた「南方二書」（一九一一年八月）では、「那智山に実加賀行者という、巫蠱《ふこ》をもって民を乱迷させ、明治一四、五年のころ、滝より飛び降りて自殺したもの」（『全集』七巻）と述べています。

のちに長男の熊弥が病気にかかったとき、妻の松枝が平癒を願ってつくった神棚を庭にぶちまけたという話も聞いたことがあり、宗教めいたインチキには、その生涯を通じて我慢ならなかったようです。熊楠自身の神秘体験と、こうしたインチキとは明確に区別されていたのでした。

幽霊の町、ロンドンと怪奇小説の黄金時代

ロンドン時代の熊楠の生活についても、少し紹介しておきましょう。ロンドンは世界でも有数の幽霊の町です。いわくつきの古い建物があちこちにあり、幽霊の出る物件は家賃がむしろ高いといった、本当かどうかわからない話も聞いたことがあります。熊楠がロンドン時代に幽霊に遭遇したかは不明です。少なくとも日記や論考には、そうした記述は見つかりません。も

し出会ったならば、自慢げに語っているだろうと思うので、おそらく無縁に暮らしていたのでしょう。心霊主義や神秘主義には心ひかれたものの、生来の人見知りもあって、降霊会などには出入りしませんでした。

とはいえ、熊楠が後年にあれほど心霊現象に入れあげたのは、この時代にロンドンで暮らしたからにほかなりません。

一九世紀末から二〇世紀初頭にかけては、イギリス怪奇小説／恐怖小説の黄金時代として知られ、M・R・ジェイムズやアルジャナン・ブラックウッド、J・S・レ・ファニュなどがさかんに小説を発表していました。もちろんここまで述べてきた心霊学や降霊会の流行と結びついて人気となったもので、霊媒や日本のこっくりさんのもとになったとされるテーブル・ターニングなどは、怪奇小説においても欠かせない要素です。

ただし、熊楠は同時代の小説／フィクションにはほとんど関心を示さない人間でした。顕彰館に残された膨大な蔵書にも、みずから購入した近現代の小説は数えるほどで、夏目漱石『吾輩は猫である』があるくらいです。大学予備門の同級生だったので、購入したのではないかと推測されています。あるいは、猫派だったので興味をもったのかもしれません。わたしは、熊楠は小説を読んで楽しむタイプの人間ではなかったのだろうと考えています。ともかく、そういったわけで熊楠はホームズものも読んでいませんでしたし、M・R・ジェイムズに手を出すこともありませんでした。

恐怖小説の流行と表裏をなしていたのが、探偵小説の人気と、スコットランド・ヤードを始めとする犯罪捜査制度の整備でした。熊楠がロンドンに滞在していた一八九〇年代は、探偵小説の勃興期で、たとえばシャーロック・ホームズは一八八七年の『緋色の研究』でデビューし、一八九〇年代に『ストランド・マガジン』で連載されて大人気を博しました。ホームズと熊楠は「同時代人」だったのです。熊楠はリージェンツ・パークや同園内の動物園の行き帰りに、しばしばベイカー街に立ち寄っており、もしかしたら、二二一Bの窓からホームズに「怪しい東洋人が歩いている」と注視されていたかもしれません。グラナダTVが制作し、日本でも放映された有名なドラマ・シリーズがありますが、あそこに出てくるガス灯や馬車といったイメージが、まさに熊楠の生きていたロンドンの景色だったのです。

熊楠と交友があった小説家アーサー・モリソンは、ホームズの「ライバル」たる名探偵マーチン・ヒューイットの生みの親として知られますし、熊楠の執筆した「拇印考」も、指紋による捜査法の開発と結びついていたからこそ、その価値が評価されたのでした。

さて、熊楠がM・R・ジェイムズを読まなかったといって、まったく同時代の恐怖物語にふれていなかったと考えるのは早計です。たとえば、『N&Q』に出た「首なし馬」(一九二五年六月二〇日号)という論考があります。まずは徳島に首なし馬の伝説が多いことを紹介したあと、ヨーロッパに眼を向けると、レディ・グレゴリーの『アイルランド西部の幻想と俗信』（第二シリーズ、一九二〇年、一八五ページ）に、「首なし馬に牽《ひ》かれた」幽霊馬車に出会った村の娘の話がある。「彼女は恐怖におののき、家に走って帰った。翌朝起きると、娘の顔は雪のように白く、黒髪は白髪まじりになってしまっていた。彼女はいまでも生きていて、もう一〇〇歳に近い」。

また、次のような例もある。「サー・フランシス・ドレイク卿が首なし馬に牽かれた霊柩車でプリマスに乗りつけるときには、その霊柩車のうしろに、吠え立てる猟犬の一群がつづいていたものだった」（W・クルック『北インドの俗信とフォークロア』一八九六年、一巻二五六ページ）。

ところで、人間の亡霊をともなわない首なし馬の例は、ヨーロッパの文献にあるのだろうか。

と述べるのです。首のない幽霊というと、熊楠の幽体離脱や飛頭蛮のことが思い起こされます。

レディ・グレゴリー『アイルランド西部の幻想と俗信』と、W・クルック『北インドの俗信とフォークロア』は、当時のイギリスでさかんに出ていた民俗学／フォークロア研究の出版物で、熊楠の書架には、こうした書物がぎっしりと並んでいました。これらは風習や習慣に並んで民話を収録しており、そのなかには怪談・奇譚の類いも相当数ふくまれていました。日本でも大正から昭和にかけて、各地の民話・伝説集が次々と出ましたが、それに相当するものです。本書を読んでいる方なら、柳田国男の『遠野物語』に奇譚があふれていることはよくご存じでしょう。こうしたところから熊楠はネタを仕入れていたのです。

民俗学の書物や民話集は、日本でもイギリスでも、専門の研究者だけが読んでいたわけではありません。むしろ、興味深い読みものとして楽しまれ、娯楽として消費されていたのです。そうでなければ、あれだけたくさんの本が出版され、売れたことが説明できません。現在の日本でも、フィクションとしての怪談・怪奇小説があるいっぽうで、実話・実体験として語られる恐怖譚があるのに似ています。怪奇小説の黄金時代のひとびとも、いつもW・W・ジェイコブズやレ・ファニュばかり読んでいたわけではなく、多様な語りを楽しんでいたというべきでしょう。

ちなみに、この「首なし馬」という論考には、オソ・イ・アルカンフォラーダと署名されています。オソはスペイン語で「熊」、イは「～と」、アルカンフォラーダは「楠」のことです。このころ熊楠は金がなく、購読料の支払いが滞っており、それをごまかすために、変名を使ったのではないかと、わたしは考えています。

徳島の馬の幽霊と、ワシントン・アーヴィング

八五ページに引いた一九二五年の「首なし馬」は、次に紹介する「馬の幽霊」（一九一一年八月一二日号）の続編として書かれたものでした。

超自然的な力をもち、死んでから幽霊となってあらわれる馬の話が、日本ではさまざまに伝えられている。［……］

「かつて美馬地方の全土がひどい飢饉に見舞われたことがあった。大晦日の晩、三谷村のものたちが徒党を組み、大滝寺という寺を襲った。略奪品を抱えて立ち去ろうとしたとき、厩《うまや》にいた一頭の馬が、大きな声で何度もいななきはじめた。近隣のものたちに気付かれるのを恐れた暴徒たちは、馬の首を切り落とし、村へ引きあげていった。それからというもの、毎年一二月三一日の真夜中になると、首のない馬の幽霊が寺にあらわれ、そこから暴徒たちが引きあげるときに通ったまさにその道をたどり、三谷へやってくるようになった。

一〇年くらい前までは、道沿いの住民たち、なかでも子どもたちは、このとき馬のくつわがガチャガチャいう音に怯えたものだという。また、これも馬の幽霊があらわれるせいなのだが、暴徒の子孫たちが、自分たちの家で正月の餅を搗《つ》くと、かならず餅が血まみれになってしまうのであった。この変事を避けるため、この村では今日でも、よその家で餅

を搗いてもらい、元日になってから自分の家に持ち帰るようにしているという」[……]。こうした馬の幽霊の話は、ほかの地域にもあるのか。E・ヤードリー氏は一〇集一巻四一七ページ「「ロビショーメ」」、『N&Q』一九〇四年五月二一日号」で、「ワシントン・アーヴィングが、夜中に駆けるスペインの超自然的な馬のベルードに言及している。しかし、それは幽霊なのだ」と述べている。

アーヴィングにはおびただしい数の著作があるが、この話はどこに書かれているのか。

熊楠はワシントン・アーヴィングがお気に入りでした。一九〇八年ごろに集中的に読みこみ、論考でもしばしば使っています。アーヴィングは伝承を積極的にとりこんで創作活動をしたひとで、そのあたりが熊楠の琴線にふれたのでしょう。

熊楠が最後のところで発している質問には首尾よく回答が得られたようで、邦文の「馬に関する民俗と伝説」（一九一八年、『全集』一巻）では、「アーヴィングの『コロンブス伝』に頭のない幽霊が騎馬した記事がある」としています。

妖怪と鬼

さて、幽霊は日本にもイギリスにもたくさんいます。ところが、日本の妖怪にあたるものはイギリスには見あたりません。あるいは、フェアリー（妖精）やエルフ、ゴブリンが近いのかもしれず（とはいえ、種類の多さでは比較になりませんが）、これらについては熊楠も書いています。國學院大學栃木短期大学の伊藤慎吾は、熊楠がイギリスのそうした存在を日本語に訳すときに、しばしば「鬼」の語をあてていることを指摘しています。逆に、わたしの見たかぎりでは、日本の妖怪について熊楠は、鬼をdemon（「神跡考②」）、龍をdragon（同）、天狗をwood-goblin（「ゴブリンの爪」）、姑獲鳥《うぶめ》をchildbearing woman's bird（「燐光を発する鳥」）、また人魂はman-soul（「『命の星』のフォークロア①」）と英訳しています。これでどのくらいイギリス人に伝わったかは定かでありませんが、いちおうの理解は得られたのではないでしょうか。

蛇足ですが、イギリスにおいて妖精などの存在が一般に広まり、全国で均一のイメージをもつようになるのは、一九世紀後半のことです。そこには各地で民話を収集、出版したフォークロア研究者や民俗学者の仕事がありました。またヴィクトリア時代の美麗で上品なイラストが添えられたことで、妖精のイメージが美化され、われわれがいま想像するような美しい姿に固定されたのも事実です。

これは日本でも同じで、江戸期以前から妖怪の存在は知られていたものの、柳田国男らの調査によって河童のイメージが固定化、全国化され、それまで多様な呼び名があったのが、「河童」という言葉で統一されました。そしてさらに鳥山石燕の妖怪画を水木しげるが再イメージ化したことで、現在へとつながるのです。

しかし、熊楠は差異を強調するよりも、共通点を見出すタイプの論者でした。河童もコボルトも、雪女もエルフも、熊楠には似たようなものに見えていたのかもしれません。

ピーター・ラビットとの縁

熊楠はロンドンで何度も下宿をかえました。そのうちのひとつであるエフィ・ロード七番地では、一八九八年一月三一日から一八九九年一〇月一四日までを過ごしました。チェルシーFCのホームグラウンドであるスタンフォード・ブリッジのすぐそばで、わたしが二〇一九年に下宿の撮影に訪れたときは、ちょうど試合開始直前で、周辺がものものしい雰囲気に包まれていたことを覚えています。

スタンフォード・ブリッジの隣にブロンプトン墓地という広大な墓地があり、ここを熊楠はお気に入りの散策場所としていました。イギリスではかつて教会墓地が一般的で、会堂の地下に埋葬されるのが栄誉とされました。たとえば、トラファルガー広場にあるセント・マーティン・イン・ザ・フィールズ教会の地下墓地は、現在はカフェ・イン・ザ・クリプトという喫茶室になっており、墓碑の上にテーブルや椅子が並べられています。それを踏みしめるようにしてお茶を飲むことになるわけで、死者との距離感が日本とはまるでちがいます。

ところが、一九世紀半ばに従来の教会付属の墓地がいっぱいになり、衛生問題も発生したことなどから、地方の自治体が教区／教会から離れた場所に公共墓地を設置することが相次ぎ、株式会社による墓地経営なども進みます（詳しくは久保洋一『死が映す近代――19世紀後半イギリスの自治体共同墓地』を参照）。ブロンプトン墓地も、そうした動きのなか、一八四〇年に開設されたもので、国教徒、非国教徒、カトリックの区画があるほか、ケルト十字架が立っていたり、東方正教会式の墓があったり、墓石の上にギリシャ風の壺が置かれていたりと、見飽きることがありません。

しかし、いちばんの特徴は墓地全体が打ち捨てられた様相を呈していることです。わたしが訪れたときも崩れかけ、斜めになったり、倒れたりしている墓ばかりでした。天使の彫像もたくさんあるのですが、片翼になっていたり、薄汚れていたり。とても雰囲気があるというか、夜には絶対に近寄りたくないような場所です。ただ、日曜の朝はジョギングに励むひとたちが無数にいて、なんだか不思議な空間になっていました。

イギリスの墓地を訪れたことのある方はご存じと思いますが、あちらには「○○家の墓」というのはなく、基本的にすべて個人墓です。そのため、墓参は近親者にかぎられ、数十年たつと整備するひとがいなくなって荒れ果ててしまうのです。もちろん現在ほどではないでしょうが、熊楠のころのブロンプトン墓地も開設から半世紀以上がたっており、すでに崩壊が始まっていたはずです。ところが、そんな不気味な空間に熊楠は足繁く通っていました。

一八九七年一一月二六日の日記に、「ブロンプトン墓場を見る」とあり、一二月六日には、「この日初めて浅野長道の墓を見る」と書かれています。一八九八年三月五日には、「福本氏とケンジグトン・ハイストリートよりバスに乗り、レドクリフにて下車。浅野長則墓《ママ》を拝み、わたしの下宿に来る」と友人を案内しています。浅野とは、幕末に安芸藩から留学した浅野長道（一八八六年、二二歳で没）のことで、イギリスで客死してここに眠っているため、日本からの友人を案内するのに格好のスポットだったのでしょう。ただ、広大な墓地であり、わたしも浅野の墓を見つけるのはたいへんでした。熊楠もずいぶん探しまわったようです。

ここはピーター・ラビットのゆかりの地としても知られます。生みの親のビアトリクス・ポターが近所に住んでおり、しばしば構想を練りながら散策し、ピーター・ラビットの名前も、ここで見かけた墓碑からとられました。ただし、墓碑の綴りは Rabbett だそうです。そのほか、ナトキン、マクレガー、ジェレミー・フィッシャーなども埋葬者の名前に由来します。ナトキンはリスのキャラクターで、そのせいか園内ではリスたちが我が物顔ではねまわっていました。

ピーター・ラビットの原型となる物語が描かれたのは一八九三年とされ、シリーズの最初の一冊である『ピーターラビットのおはなし』は一九〇二年の出版ですから、もしかしたら熊楠とポターはここですれちがっていたかもしれません。

またポターは一八六六年生まれで熊楠とはほぼ同年代で、しかも、ポターも若いころはキノコの研究者をめざし、多くのキノコの絵を残しています。不思議な偶然の一致もあるものです。

墓地で植物採集をする熊楠

熊楠は墓地を採集フィールドにもしていました。アメリカのアナーバーにいた一八八九年五月一六日の日記には、「朝雨、雷鳴す。墓地に行き、*Vinca minor* Willd. を得たり」とあります。日本語ではヒメツルニチニチソウと呼ばれる、初夏に紫色の五弁の花を咲かせる植物です。しかし、雨が降り、雷鳴が轟いたあとで墓場へ行くというのは尋常ではありません。たしかに、ある種のキノコや変形菌は雨のあとによく育つものではありますが。

帰国後の一九〇三年七月二一日の日記には、「四時ごろから姥ヶ野墓場より大門下坂辺にて採集。得られたもの。ノササゲ、フクワウニガナ(?)、カモメヅル一種、ミヤマトウバナ、オホチドメ一種」とあります。ちなみに、この日も「午前より雨」だったそうです。雨が降ると墓場に採集に行きたくなったのでしょうか。七月二六日は「午後四時頃より宅南のウバガノ墓地に採集、とくに得られたものなし」と、空振りの日もありました。

田辺に移ったのちの一九〇六年一二月二三日にも、「朝九時過より松下松次郎と鳥巣より南部に行き、墓場にてカシワに寄生するものとる」とあります。一九〇七年七月一五日には「夕、糸田猿神神社跡および高山寺墓地に遊び、キノコを少々とる」と書かれています。この高山寺の墓地に、熊楠ものちに葬られることになりました。近くには和歌山中学時代からの盟友で、妻・松枝との仲もとりもってくれた喜多幅武三郎《きたはばたけさぶろう》、さらに合気道の創始者である植芝盛平の墓もあります。なお、現在の南方熊楠顕彰館の館長は、高山寺の曽我部大剛《そがべだいごう》住職が務めています。

熊楠の英文論考にみる幽霊

熊楠が『N&Q』に出した話題には、幽霊に関わるものがいくつもあります。当時のイギリスでも関心が高く、「うける」話題だったのです。「中国の幽霊」（一九〇四年二月二七日号）はこのようなものです。

プラット氏が中国人の友人から聞いた話によれば、中国の幽霊は中国以外の地では出ない、ただし外国でも中国人居住区は中国の土地と見なしてよいという。しかし昔は、まったくの異国の地にも中国人の幽霊が出る可能性があると信じられていたことが、郭という家の召使いの言葉に示唆されているようだ。別の主人に仕えることを強制されたこの召使いは、剣を差し出して自分の首を刎《は》ねてくれと頼み、「無知で粗野な主人に仕えるくらいならば、蛮族の地で幽霊となったほうがましだ」と言ったのである（謝肇淛《しゃちょうせい》『五雑組』一六一〇年、和刻本、一六六一年、八巻二八丁裏）。

これは、「中国の幽霊は原則として中国以外の土地には出ないが、中国人の住むところには出る」ということを中国人の友人から聞いたプラットが、さまざまな例をあげたのに対して、熊楠が回答したものでした。

一九〇七年七月ごろに書かれたものの、未掲載に終わった『N&Q』宛の「蜃気楼」の結びの部分には、異様な話が出ています。

［……］この返答の結びに、古代日本のある説話が、異様な蜃気楼を見ての勘違いから生じたと思われることを注記しておきたい。それは、幽霊たちが、頭を下に、脚を上に向けて、熊野山中を巡礼して歩く、あるいは顔をまるっきり後ろ向きにして歩くというものである（近松［門左衛門］『傾城反魂香《けいせいはんごんこう》』一七〇〇年頃、二幕を参照）。また、罪人は地獄で逆さ吊りの苦しみを受けるという、世界的に広く見られる俗信（ラクロワ『中世の戦争と宗教生活』四八五ページを参照）も類似の起源をもつのかもしれない。

いわゆる「さかさまの幽霊」というものです。あの世はこの世とは逆転した世界であり、上下がさかさまになっているという考え方で、熊楠が指摘するとおり、実際に世界のあちこちで確認されています。このように熊楠は幽霊にまつわる話題を世界じゅうから集め、イギリスで発表していたのでした。

第五章

イギリス心霊現象研究協会と帰国後の神秘体験

欧米における心霊主義の流行

日本では、本書で扱っているようなテーマは、「怪しげなもの」としてどれもいっしょくたにされ、うさんくさい目で見られる傾向が強いのですが、欧米では神秘主義／スピリチュアリズムと心霊研究にわけられます。前章でとりあげたのが前者です。いっぽうの心霊研究とは、科学的な視点からオカルトを解き明かそうとするもので、本章はこちらを扱います。

さて、降霊会が流行した原因は、さきに述べたように科学技術の急速な発展への反発が指摘されがちなのですが、実は科学と神秘主義は対立するだけではありませんでした。むしろ、科学的な手法によって魂や死後の世界を解明できるのではないかとの期待も出てきており、降霊会は一般のひとびとの娯楽だけではなく、科学者たちによる研究対象ともなっていたのです。

当時、イギリスでいかに心霊、不可知なもの、不思議な存在について研究が進んでいたかについては、「千里眼」でこんなエピソードが紹介されています。

何年か前、井上円了先生が妖怪学を創始したと聞き、大英博物館で先生の講義録の序文について演説し、さすがにヨーロッパにもまだ化けものの学問はないだろうと威張ったところ、あるひとが、「それそれ、おまえの肘のあたりのレファレンスの棚を見よ」と言うので見てみたところ、ずっと以前に出版された『妖怪学書籍総覧』という化けもの学の書籍すべてについての索引だったから、日本人が気がつくようなことは、たいてい欧米ではすでに古くさくなっているとわかって、赤面して退出した。（『全集』六巻）

『妖怪学書籍総覧』に関しては、まだちょっと特定できていないのですが、そうした本が必要なくらいに大量の本があったのです。妖怪博士こと井上円了と熊楠との関係については、小田龍哉が扱っており、それによると、熊楠は予備門時代から井上に注目しており、ロンドン時代の一八九六年には『妖怪学講義』をとりよせ、傍らに置いて参照していました。帰国時には世話になった横浜正金銀行ロンドン支店の巽孝之丞《たつみこうのじょう》に、井上円了全集を贈ったりもしています。

心霊現象研究協会

熊楠の文章には、ときどき「英国不思議研究会」ないし「不思議会」なる団体が登場します。「千里眼」には、那智で神秘的な体験をくりかえしたなかで、こんなことを考えたと書いています。

こうした経験を多く記録し、集め、長い論文を書いて英国不思議研究会へ出そうと意気ごんでいるうち、人生は一〇のうち八、九は思うようにならないもので、那智山にそう長く留まっていることもできず、またウォーレス氏も言っているように、変態心理《サイキアトリ》をみずからを対象として研究するのはきわめて危険なことで、これ以上つづけたらキ印になってしまうことまちがいなしという状態に立ち至り、ひとびとの勧めもあり、最終的にここ田辺に来た［……］。（『全集』六巻）

そして田辺で妻をめとり、子どももできて生活が落ち着いたことで、「幽霊もとんと出ず、不思議と思うこともまれになったが、わたしはこれをまったく悔やんではいない」と述べています。少し寂しい気もしますが、ひとの人生とはそういうものなのでしょう。

英国不思議研究会とは、心霊現象研究協会（The Society for Psychical Research。以下、SPR）のことです。一八八二年にケンブリッジ大学のフレデリック・マイヤーズやヘンリー・シジウィックらによって設立された団体で、テレパシー、催眠術、霊媒、幽霊、降霊術といった現象の科学的な解明をめざしました。心霊現象に対して、あくまでも実証的なアプローチを試みたのです。なかでもブラヴァツキー夫人と神智学協会には敵対的で、その奇術的なトリックを暴いて有名になりました。その後も多数の霊媒や心霊現象の調査に携わり、ことごとく否定していき、当時の最新技術であった写真を調査に用いたことでも知られます。ただし、あくまでも協会の目的は「本物」の心霊現象に迫ることにあり、すべてがすべて偽物だと証明してしまうことは、本意ではありませんでした。

SPRには科学者はじめ各界の著名人が参加し、コナン・ドイルや進化論のアルフレッド・ラッセル・ウォーレスのほか、第二代会長は元首相のアーサー・バルフォアが務めたほどでした。社会的に大きな影響力をもった団体だったのです。

第四代会長を務めたのはウィリアム・クルックスで、真空放電管のクルックス管で知られる物理学者です。熊楠とクルックスには、かすかな関わりがあります。熊楠は、一八九八年九月にブリストルで開かれた科学振興協会の大会で、「日本のタブー・システム」という報告を行なう予定でした。体調不良もあって出席はとりやめ、代読となったようですが、当時の科学振興協会の会長がクルックスだったのです。法龍宛の書簡（一九〇二年三月二六日）では、

四年ばかり前にイギリス科学振興協会で、「日本のタブー・システム」を発表しました。このときの会長は、テレパシー（神通力、すなわちひとの思うことをそのまま知る方法、また他人に伝える方法）は今後望みがあり、もっとも研究すべきものだと発言していました。また催眠術などにも、熊楠の心の作用をあなたに伝えたり、Aという人物をBという人物に、またBをAにしてしまう方法があります。これらをけっして一笑に付してしまってはいけません。研究すれば［……］やがては精神世界の原則を知るための端緒となるで

しょう。(『高山寺蔵　南方熊楠書翰　土宜法龍宛　1893-1922』二八)

と述べています。

クルックスのような高名な科学者が心霊研究にとりくんでいたというのは、現代のわたしたちからすると驚きですが、心霊現象がそれだけ一九世紀後半のイギリス人にとって切実な問題であり、また西洋における宗教と科学の垣根の低さを示すものともいえるでしょう。

ただし、SPRは結局のところ、霊の存在を科学的に立証することはできませんでした。「本物」と認定された現象もありましたが、最終的には否定されています。そのためSPRは第一次大戦期から次第に活動を減衰させていきますが、現在も存続しており、奇怪な現象の解明にとりくみつづけています。

熊楠の「不思議」

熊楠のいう「不思議」とは、ここまで述べてきたとおり、心霊現象のことをさしています。もとは井上円了による用語で、『妖怪学講義』(一八九六年)において、「人智では不可知なもの」と定義されています。当時、不思議といえば円了というくらいで、のちの水木しげるにも長編作品『不思議庵主　井上円了』があるほどです。

熊楠が心霊現象に対してとった態度は、SPRに近いものでした。霊魂や予知、「夢のお告げ」などを頭から信じこんでいたわけではなく、「千里眼」では「みずから経験した神通力、千里眼などの諸例を、心にわだかまりなく落ち着いて考察すれば、けっして解説できないような不思議はひとつもない」と言い切っています。考察によってすべて解明できるというのです。さらには、日頃、気にとめずに見聞きしているもののうち、意識・記憶にあるものはごく一部にすぎないとして、このように説明します。

心理学者のいわゆる意識下の考え（サブリミナル・ソウツ）、仏教の説でいうところの末《ま》那識《なしき》、亜頼耶識《あらやしき》のようなものがあって、昼夜休むことなく考えて働いている、本人自身もはっきりと意識していない脳の力があるとすれば、長年の経験から類推するのだが、みずから意識しないうちに、地勢、地質、気候などのさまざまな条件がこのように備わった土地には、こうした生物がいるかもしれないと思いあたったことが、山中に独居して精神に異常をきたしたことで、幽霊などがあらわれて指示すると見えるのだ。
［……］わたしが夢または幽霊に教えられて発見したものは、いずれも自分が多少は見聞きしたことのあるものにかぎられる。［……］不思議の学も、まずは常人にも例の多い以心伝心くらいのことから研究するべきだ。むやみに神通力、霊魂などをもちだすべきでは

ない。

このごろ流行の千里眼のようなものも、高度な試験はさておき、わたしが神通力に満ち満ちていたころ、やってみて百発百中だった例がある。印を付けた耳かきや楊枝などを、手近に積んである一〇〇冊ほどの書物のページのあいだに挟んでおき、どの本かを言い当てるといったことをやってみたらどうだろうか。〔……〕千里眼、神通力、幽霊などは、自分でやった実験について真剣に述べようとするときでさえ、ややもすると言葉不足となり、虚偽・誤謬を伝えてしまいがちである。このことばかりは、いかなる大家の保証があっても、簡単に信じてはいけない。（『全集』六巻）

さらに、つづけて述べます。未那識、亜頼耶識については、後述します。

霊魂とか不思議とかの形而上がかった研究は、透視とか千里眼といった詐欺や錯誤が多いものにもとづくべきではない。もっと頻繁に起こっている人間の死という現象を、生理学・心理学の両方から観察してはどうだろうか。〔……〕こうした学問が多様に分化した今日でも、〔……〕物質的にも心理的にも最大の関心事である死の学問があるとは聞かない。いかなる手落ちだろうか。（『全集』六巻）

どうやら熊楠のなかでは、たしかな一線が引かれていたようで、科学的研究には有望な可能性を見出し、霊媒や心霊術師は詐欺としりぞけています。つづけて、イギリスの探検家ウォルター・ローリーの逸話が紹介されます。あるとき喧嘩でひとが死んだのを目撃したが、翌日になってその場に居合わせたひとと話すと、おたがいに食い違うところが多かった。むしろ相手の言うことに根拠があり、自分が見たことに自信がもてなくなったというものです。そして「自身目前のことすら、このとおりまちがいの多い世の中だから、千里眼、幽霊などの珍事は他人の手記など、なかなか当てにならないと重ねて言っておこう」とします。きわめて懐疑的で科学的な態度を示しているのです。

熊楠のこうした方法論は、SPRから学んだものでした。法龍宛書簡（一九〇四年三月二四日付）では、二一円を投じて「英国不思議議会の報告を購入した」と述べ、その内容を、（一）人間の心は複数の心が集まってできていること、（二）死ぬとすべて滅んでしまうのではなく一部が残ること、（三）以上の実証、（四）天才のこと、（五）静的神通力（遠くのことを聞いたり見たりすること）、（六）幽霊、（七）動的神通力（遠くのことを手で真似て示すこと）、（八）入定、（九）実用、（一〇）教用、（一一）真言宗由来の意見、と法龍のために整理してみせます。しかし、この「報告」は、顕彰館に現存せず、残念ながら特定されていません。（一一）

はおそらく熊楠の付けくわえた点と思われますが、これについてもよくわかりません。なお、(四)のところでは、実例として自身のピトフォラやナギランの発見をあげています。

このようにＳＰＲの方法論をもとに、熊楠は自身の体験を解きほぐそうとしていたのです。なかでも、大きな影響を受けたのがマイヤーズでした。マイヤーズと熊楠の関係については、英文学者にしてオカルト研究家でもある横山茂雄(稲生平太郎《いのうへいたろう》)が決定的な研究を出しているほか、秋田公立美術大学の唐澤太輔も扱っています。

マイヤーズの心霊研究

フレデリック・マイヤーズ(一八四三～一九〇一年)は、イギリスの心霊研究者で、古典学者、詩人でもありました。一八六五年にケンブリッジ大学の講師となり、のちには視学官として籍を置きました。一八七三年頃から降霊術にしばしば参加するようになり、オクスフォード大学出身の霊媒ウィリアム・ステイントン・モーゼスの降霊実験に関わったことでも知られます。

マイヤーズは牧師の息子として生まれながらも、宗教への不信感からキリスト教を棄教しました。しかし、このことがかえって魂への不安をかきたてることになります。のちにいとこの妻であるアニー・イライザと出会い、夫との不仲を相談されたのがきっかけで、プラトニックな恋愛関係となるのですが、一八七六年にアニーは湖で投身自殺してしまい、彼女の魂とコンタクトできないかと、心霊術へとのめりこんでいったのでした。

そして一八八二年に、師のヘンリー・シジウィックを立てるかたちで心霊現象研究協会を設立しました。アーサー・バルフォア、ウィリアム・フレッチャー・バレット、エドマンド・ガーニーといったひとたちも参加するなかで、マイヤーズは理論的にも実際の活動でも中心的な役割をはたしていきます。一九〇〇年にシジウィックが死去すると、マイヤーズが会長に就きますが、翌年、療養先のローマで亡くなりました。主著である『人間の人格とその死後存続』は、死後の一九〇三年に刊行され、心霊研究の記念碑的な存在として知られています。また、マイヤーズが提唱した潜在意識という考え方は、フロイトの無意識にさきがけるものとして評価されることもあります。

フレデリック・マイヤーズ
©National Portrait Gallery/amanaimages

マイヤーズの『人間の人格とその死後存続』

帰国した熊楠は、和歌山で「夢のお告げ」などを体験するなかで、さまざまな文献にあたって理解と解決をはかろうとしていきます。

まず選んだのは、アメリカ時代に購入し、実家に送ってあったブラヴァツキー夫人の著作でした。一九〇一年六月一四日に『ベールをとったイシス』を読みはじめ、七月三日に読了しています。しかし、熊楠にとってブラヴァツキー夫人は、前章で述べたように「オッカルチズムごとき腐ったもの」以上には映りえなかったようで、すぐに放棄してしまいます。論考などでも肯定的に言及することは、まずありません。

つづいて手を伸ばしたのが、マイヤーズの『人間の人格とその死後存続』でした。刊行直後にイギリスの書店に注文し、翌一九〇四年二月一二日に入手、約二ヶ月間かけて読みおえます。顕彰館に残る同書には、びっしりと書き入れがなされており、熊楠がいかにこのテーマにひきつけられたかが伝わってきます。法龍には、この本を抄訳して注を付け、出版したいとの意向も漏らしているほどで、一部は実際に翻訳して書き送りました。

『人間の人格とその死後存続』は、身体が死を迎えて滅んだのちも、魂・精神が存続する可能性について詳細に考究したものです。マイヤーズ自身がSPRでとりくんできたテレパシーや自動筆記などの研究を検証しながら、人間の精神についての考察を深めていき、最終的には魂の不死性を証明しようとしています。魂が死後も存続してほしいとの心情が、痛いほどに伝わってくる本です。ただ、きわめて難解かつ長大なため、熊楠も読むのに苦労したようです。このころの日記には、連夜のようにマイヤーズを読んだとの記述があり、実際のところ、こんな本を寝る前に読んでいたら、怪しげな夢を見るのも当たり前だろうと思わされます。

熊楠の「魂の問題」

キリスト教の根幹には、「魂の復活」という問題があります。死によって身体は滅びるものの、魂は残り、やがて復活の日に甦るという信仰です。しかし、進化論の登場が人間の特権的な地位を脅かし、唯物論によって魂の存在そのものが疑われることになります。一方で、それに対抗するように、科学を利用することで逆に魂や死後の世界の存在をあきらかにできるのではないかとの考えも出てきたのでした。

熊楠は那智で幽体離脱を体験したことで、否応なく魂の問題に直面しました。そしてマイヤーズの『人間の人格とその死後存続』をとりよせて熟読したところ、幽体離脱や、死者からの通信に関する無数の例が、科学的に検証された「事実」として示されていることに気付くのです。そして、それ以降は魂の入れ替わりにまつわるテーマを熱心に扱っていくことになりました。その成果は第一章で見たように多数の論考に結実しており、いかに熊楠の関心が高かったかがわかります。また前述のように、心霊主義は精神的な病理研究とも結びついており、ここから熊楠は変態心理（正常でない精神状態のこと）にも関わっていくことになります。

ピトフォラ・オエドゴニアやナギランの発見についても、亡父を登場させることで魂の不滅性を示そうとしたのにくわえて、マイヤーズらが予知などの心霊体験を「天才の証拠」としていたこともあり、気をよくした熊楠がうまく乗っかろうとしたのかもしれません。熊楠の体験したというテレパシーや死の予知も、実は『人間の人格とその死後存続』に出ている例によく似ているのです。

ただ、熊楠はスピリチュアリズムの方法もとりませんでしたし、マイヤーズのような手法、すなわち科学的な検証もしませんでした。熊楠が採用したのは、人類学、民俗学、説話学でした。世界各地、それから過去の世界に類例を求め、それらを蓄積することで、魂の問題に迫ろうとしたのです。これは熊楠に独自のものであり、現在も評価されるポイントだと思います。

この節の最後に、脳科学との関係も扱っておきたいと思います。精神科学や心理学は、脳科学と密接なつながりをもちつつ発達していきました。当時の脳科学の代表的な人物として、スペインのサンティアゴ・ラモン・イ・カハールがあげられます。ニューロン説を唱えた神経科学者として知られ、一九〇六年にはノーベル医学・生理学賞を受賞しています。ラモン・イ・カハールらの研究によって、人間の心が脳の神経組織を伝わる電気信号から生み出されることがわかり、魂の存在自体にも強い疑いが投げかけられました。まさにこうした分かれ目に生きていたのです。このような研究成果は『ネイチャー』にもさかんに出ており、熊楠も目にしていたはずです。

「古代の開頭手術」は、熊楠の『ネイチャー』に掲載された最後の論考となったもので、一九一四年一月一五日号に出ました。一九一三年一〇月三〇日号に載った、リュカ・シャンピオニエール博士による、パリ五学士院連合会の年次総会での発表を要約したなかの一文「ギリシア人、エジプト人、アラブ人、インド人、中国人といった高文明人種の間で、この手術が行なわれていなかったことは注目に値する［……］」への応答として書かれたもので、「この手術」というのが、すなわち開頭手術のことです。

熊楠の投稿はいつものとおりに各地から類例を示すもので、古代ギリシアとインドでも開頭手術が行なわれていたことを、ヒポクラテスと、ピエール・ゴヌラ『インド・中国航海記』から例示しています。これをどこまで脳科学と呼んでいいかはわかりませんが、心と精神の問題について、医学的な側面にまで視野を広げていたのは事実です。

二〇世紀初頭の日本での心霊研究

日本では、一九一〇年に東京帝国大学の福来友吉《ふくらいともきち》（一八六九～一九五二年）が心霊研究の実験を始めました。福来は熊楠の二つ年下で、ほぼ同年代といえます。その二人がいずれもテレパシーといった超能力に関わっていた点は見すごせません。しかも、福来は大学院で変態心理学を研究しており、一九〇六年に得た文学博士号も、「催眠術の心理学的研究」によるものでした。前述のように熊楠も『変態心理』という雑誌に投稿しており、共通の関心があったのです。

福来はなかでも透視の研究で知られました。よくご存じの方も多いでしょうから、簡単にふれるのみにしますが、一九〇九年ごろに、熊本の御船千鶴子《みふねちづこ》（一八八六～一九一一年）が「千里眼」の持ち主として有名になり、茶壺に入れた名刺を読むなどの透視を成功させます。これを福来が本物だと確信して報告したところ、新聞や雑誌などで「透視」の語とともに広まって一大社会現象となり、ほかにも長尾郁子《ながおいくこ》（一八七一～一九一一年）ら透視能力者を名乗るひとびとが続出しました。このあたりは、アメリカやヨーロッパで一九世紀半ばに、霊媒が陸続とあらわれたのとまったく同じです。

ところが、一九一〇年九月一五日、東京帝国大学の元総長である山川健次郎の立ち会いのもとで実験したところ、途中で透視すべき文章がすりかえられたとの疑惑が出ます。これが論争となり、真贋を厳しく問われたこともあり、御船は一九一一年一月一九日に服毒自殺してしまいました。こうした経緯はますます新聞を賑わせ、全国的な話題となります。

香川の判事の妻・長尾郁子も、福来の実験対象となった女性でした。透視のほか、未現像の写真乾板に文字を写し出す「念写」を始めたことで有名です。しかし、やはり強い非難が寄せられたあと、一九一一年二月二六日に急性肺炎で亡くなり、ふたたびスキャンダルとなりました。なお、こうした経緯が、日本で心霊研究をうさんくさくとらえさせる原因になったともいわれています。

福来はその後も研究をつづけ、一九一三年八月に『透視と念写』を出版しますが、東大の教官としてふさわしくないとして、やがて休職を余儀なくされます。東大を追われたのちの一九二一年には真言宗立宣真高等女学校長となり、一九二六年から四〇年まで高野山大学教授を務めました。高野山には法龍がいたわけで、熊楠とも遠くはなかったわけですが、直接の交渉があったようすはありません。ちなみに柴田勝家という不思議なペンネームの作家によるSF小説『ヒト夜の永い夢』（二〇一九年）には、熊楠と福来が出会うシーンがあり、そうであったら楽しいだろうなあとは思いますが……。

こうした研究／事件もあり、当時の日本では「千里眼」が大流行しました。一九一〇～一一年に出版された書籍を見ると、竹内楠三『千里眼』、高橋政之ほか『千里眼――透覚容易』、心霊学人『神通力――一名・千里眼透視法』、藤教篤《ふじのりあつ》・藤原咲平『千里眼実験録』、浜田彩堂『催眠術及千里眼透視術実践教授書』、八千代・弦月『我輩ハ千里眼――滑稽小説』、機外逸人《きがいいつじん》『相場必勝千里眼――透視的確』、中田政吉編『千里眼――当字的中』、阪口幽斎『千里眼の由来――学界の奇観』など、実にたくさんあって驚かされます。科学者によるもの、実践（？）的なもの、小説と内容も多彩です。千里眼道人なる著者による『株の理想――四五年の著者』という本もあり、これを読んで千里眼による取引に挑戦したひとたちもいたのでしょうか。

熊楠の英文論考「双子とテレパシー」と邦文の新聞記事「千里眼」は、いずれも一九一一年に発表されたもので、まさに福来や御船の透視が大きく世間で注目されていた年でした。関西大学の安田忠典が述べているとおり、とくに後者については、文筆家として売り出し中であった熊楠が、時流に乗った論題を選んだ可能性が高いでしょう。

千里眼

日本語の千里眼という言葉は、厳密にいえば、遠方のものを見ることができる能力のことです。故事成語のひとつで、『魏書』の「楊逸伝《ようういつでん》」から生まれたとされます。魏の楊逸がある地方に赴任したとき、配下の役人たちの行動を戒めるため、監視網をはりめぐらすことにしました。やがては、かつて宴席や賄賂を要求するのがつねだった役人たちが、みずから弁当を持参するまでになります。疑問に思ったひとが尋ねたところ、揚逸が千里の果てまで見える目をもっているから、怖くて不正ができないのだと答えたのが「千里眼」の由来です。

日本でも古くから使われてきた言葉のようですが、御船らの「透視」によって一気に世間に広まりました。ただ、その能力はまちまちで、くっきりと見える場合もあれば、「双子とテレパシー」のようになんとなく感じとれるだけのものもあったようです。

熊楠は若いうちは千里眼といったものに否定的で、土宜法龍宛書簡（一八九四年三月一九日）

では、このように述べています。

また近年、数十万の信徒を有するスウェーデンボルグ氏の教え（ニュー・チャーチとかいいます。欧米のいたるところに教会があります）は、あなたたちのいうのとそっくりの奇怪なこと、すなわち理外の理を主張しています。［……］スウェーデンボルグが会話している最中に、突然戸外に走り出て、いま私の故郷のどこそこの誰それの家から出火している。ただし、某《なにがし》の家のところで止まり、消えたというのを、狂人のような法螺だと笑ったが、翌日、使いが来て手紙で伝えられたところ、いちいちスウェーデンボルグの言葉と符合していた。そのためおおいに驚いたと書いています。金粟王［熊楠］が考えるには、スウェーデンボルグが貧民の誰かに金を与え、ひそかに何時何分に家に火を付け、何時何分までに消せと命じたのだと思います。（『南方熊楠　土宜法竜　往復書簡』）

ここで非難されているのは、神秘思想家として知られたエマヌエル・スウェーデンボルグ（スヴェーデンボリ、一六八八～一七七二年）の有名な逸話です。一七五九年七月一九日、ロンドンからスウェーデン西海岸のイエテボリに帰りついたスウェーデンボルグが、友人のところで夕食をとっているとき、いまストックホルムで大火が起きていると言いだし、しばらくして会食者のひとりに、あなたの家が灰になったと告げます。そして夜になって、自宅から三軒のところで消火したと胸をなで下ろしました。ひとびとはまったく信じませんでしたが、二日後にストックホルムからやってきた使者が伝えた事実は、スウェーデンボルグの話とぴたりと一致していました。イエテボリとストックホルムは五〇〇キロほど離れていますから、千里眼としかいいようがなかったというものです。

しかし、熊楠はまったく信じていないばかりか、自作自演だろうと批判しています。ちなみに、哲学者のカントも『視霊者の夢』(一七六六年)で痛烈に批判し、逆に心理学者のユングは、物理学者W・パウリとの共著である『自然現象と心の構造』(一九五二年)で、意識下の共時性(シンクロニシティ)の好例と肯定しています。

ところが法龍への書簡から一七年後に書かれた「千里眼」では、科学的な姿勢をとりつつも、超能力的なものを肯定する態度へと変化しています。いったい何があったのでしょうか。その点は次章以降でとりあげていきますが、熊楠のこの記事は、もともと一九一一年一月三〇日に「大阪毎日新聞」に掲載された田中祐吉(香涯、一八七四〜一九四四年)による寄稿「欧州千里眼」に触発されたものでした。田中は大阪府立高等医学校教授で、一九一〇年に医学研究でドイツに渡りましたが、現地で心霊科学を知ったことで転向します。田中が一九一二年に出した『医《い》海涓滴《かいけんてき》』には、「誤れる衛生」「疾病と自殺」「厭世観及び楽天観に対する医学的観察」などの章と、「千里眼論」や「食人と人身供犠」といった章がいっしょに並べられており、いまからすると異様に思えるものの、当時は地続きのものとして違和感なく受け止められていたことがわかります。田中は一九二三年以降、雑誌『変態性欲』の主幹を務めることになりますが、この段階では、熊楠ものちに強いつながりができるとは思っていなかったでしょう。

阿頼耶識

この章の最後に末那識《まなしき》、亜頼耶識《あらやしき》（阿頼耶識）について述べておきたいと思います。一〇三ページで「千里眼」を引いたなかに出てきた言葉で、熊楠によれば、もともと仏教の説にあって一種の「脳の力」をさし、近代の精神医学がいうところの無意識にあたるものだといいます。阿頼耶識は熊楠研究者の関心を強くひき、多数の著作や論文で扱われてきたので、熊楠ファンなら耳にしたことがあるかもしれません。さらに、阿頼耶識は熊楠独特の用語である「タクト」や「やりあて」といった考え方につながっていきます。タクト／やりあては、ナギランの発見のように、蓄積された知識を無意識のうちに利用することで予知に似た現象が起きると考えるもので、いわば超能力の合理的な説明といえます。ただ、わたしはあまりこの問題に信憑性を感じません。総合的な経験にもとづく発見を、熊楠がことさら神秘化しているだけではないかと思います。第二章で見たように、武内善信が否定しているのに全面的に賛同します。

武内が指摘するように、熊楠は一九〇二～〇三年頃に法龍との書簡のやりとりを通して阿頼耶識について教えられました。そして一時的には魅力的なアイデアとして扱ったものの、ものにならないことに気付いて捨て去ったのだと思います。みずからの体験を説明するのに、いろいろな方法・理論を試していたうちのひとつだったのでしょう。熊楠の仏教理解の度合いからすると、阿頼耶識について正確に把握していたかは疑わしく、ただし西洋の心理学と重ねて理解を試みた点は評価できるかもしれません。

第六章　熊楠の夢

日記に記録された夢の数々

ここまで読んできた方は、熊楠の神秘体験には、どうやら夢が大きな意味をもっているらしいことにお気づきになったのではないでしょうか。熊楠が那智で体験した幽体離脱は、夢としか思えませんし、「夢のお告げ」もありました。しかし、それをたんなる夢と片付けてしまうことはできません。熊楠にとって夢とは、どのような意味をもっていたのでしょうか。

さて、熊楠ほどまめに日記を付けた人物も珍しいと思います。現在知られているものとしては、一八八一年、一四歳のがもっとも古く、つづいて一八八三年の分が部分的に残っており、そのあとは一八八五年一月一日から一九四一年一二月に没するまで、約五六年ものあいだ、ほとんど抜けなくつづけられました。

この日記のなかに、夢の記録が無数に残されているのです。ロンドン時代に法龍へ「何年ものあいだ夢のことを研究してきました」(一八九三年一二月二一〜二四日付、『全集』七巻)と述べているとおり、熊楠にとって、夢は特別な関心の対象でした。

日記における夢の記録は、若いころから頻繁に見られ、一生を通じて記録されつづけました。一種の夢日記の様相を呈しているとすらいえます。夢日記とは、文字通り、睡眠中に見た夢を起きてから記録するものです。わたし自身は付けたことがありませんが、周囲の心理学を専門とするひとたちはたいてい書いており(ないし挑戦したことがあり)、枕元にかならずノートが置いてあると聞きます。最初はディテールを忘れてしまってなかなかうまくいかないものの、慣れてくると、夢を見たら即座に目が覚め、内容もはっきり思い出せるようになるそうです。

熊楠もはじめは夢を思い出すのに苦労したものの、「夢から覚めるときに身体を少しでも動かすと、たちまち忘れてしまうものです。［……］夢から覚めてすぐにとび起きてそれをメモするよりは、じっと夢を見たときの位置にそのまま寝転がって目を閉じていれば、いま見た夢の次第を記憶し、思い出しうることを発見したのです。［……］長年のあいだ、このようにして多くの夢を記録してきました」（法龍宛書簡・同）と、思い出すための方法論を編み出したようです。また、一九〇三年一月一日の日記では、「〇山に登っていて感じたいろいろなことは、帰宅すると忘れてしまう。／夢に似ている。ただし、状況をもう一度書きだせば思いだす。／△夢のなかで見たことの多くが、ふたたび記憶から出てこないのは、夢はたいてい状況をきちんと描きだすことがなく、またそのようにできないからである」とも述べています。

夢というものの例にもれず、熊楠の夢も本人以外には理解不能なものばかりです。いや、たぶん本人にもよくわからないものが多かったのではないでしょうか。以下、その不可解さの一端をご覧に入れるとともに、いくらかのアプローチを試みましょう。一八八九年二月二一日には、こんな記述があります。

朝、夢に堀尾氏と尾崎行雄氏を訪れるつもりで出発し、和歌山の寄合橋を西の方から渡ると思ったが、しばらく朦朧としたあとで目を開くと、船の艫《とも》に寝転がっており、眼前には濃霧が広がっていた。身体の近くには白い帆が広がっていた。堀尾、堀尾と呼ぶと、答えはあるものの、その姿は見えない。しばらく目を閉じたあとで目を開くと、白帆も霧も前のとおりであった。だいぶ経って目が覚め、よくよく見れば、白帆はベッドシーツが身体のところで裏がえったもので、霧と見えたのはうしろの窓から入ってきている日光が白壁に映り、強く目にあたっていたのだ。

幻想的な夢です。しかし、熊楠はベッドシーツや日光が原因であると、あくまでも合理的な解釈をしています。以後の人生でも、このように夢に解釈を与えるのが熊楠のならいとなりました。これは爽やかな夢でしたが、三月五日には、

昨日の朝、奇妙な夢を見た。高縄かと思われる海辺で、切り立った丘の上から月を見ると、天が曇り、月は血のような色となった。しばらくして目覚めてみれば、眼を見開いており、窓を通して東天を見すえていた。この朝は空が曇り、太陽が覆われて、血のような色になっていた。二月二一日の夢とくらべてみること。

とあります。こちらも奇妙な夢ではありますが、朝日が不気味な色になっていたためだろうと理解しています。また、最後に二月二一日のものと比較しようとしているとおり、いくつかの夢を相互に関連付けて考えていくのも熊楠の特徴でした。

一二月二日には、こんなことが記されています。

今朝未明に夢を見た。和歌山寄合町の旧宅［……］の表戸を開き、悪漢がひとり入ってきた。身体を飛ばして上下に舞うようすは、旋風《つむじかぜ》に似ていた。脇にいたものたちが、この男は鶏卵に灰を入れて放ってくる、用心せよと言った。家の兄が立ち向って男を突き飛ばして倒したが、しばらくするとまた立ち上がり、さきほどのようにする。この間に手代《てだい》と覚しきものがひとり、表戸を開けて街に出た（ひとを呼ぶため）。注意して表戸を見ると、これは寝室のガラス窓であった。実際に見たようすから思うに、あるいは窓のあいだから洩れ入ってくる空気の交替流通のありさまを、目がこのように感じたのではないか（ある感覚がとくに鋭く働いている証拠）。

このように熊楠は、自分の見た夢を、どうにかして理解しようと試みています。わたしなどはどんな夢を見ようと、「ただの夢でしょ」と切り捨ててしまい、深く考えることをしませんが、いっぽうで夢に積極的に意味合いを見出そうとするひとたちもいます。熊楠も、おそらくそうだったのです。

もうひとつだけ紹介しておきましょう。一八九三年一〇月一七日のものです。

夢で波木井《はきい》九十郎《くじゅうろう》、川崎虎之助二氏と、船で高野のあたりを下っていた。川上に亀が二匹浮かんだ。次に、『三才図会』で見たことのある黿《げん》「マルスッポン」のごとき（アオウミガメのようなもの）大きな何かが浮かびあがった。川崎が言うには、高野には徳川将軍の時代に放した豚がいる。今回は見えないが、夏休み中に見せるから見てほしい「……」。さて、船が片方に傾き、ものがみな転がった。ものは書物であった。それを三人で足でおさえ、また脇の下で押さえるようにして、船は進んでいった。波木井、川崎の二人が新しい流行歌を歌うのを見るうちに、目が覚めた。

率直にいって、わけのわからない夢です。いかにも博物学者っぽくはありますが。ところで、熊楠は夢について記録するときは、ちゃんと「夢に」とか「夢む」と書いてくれています。逆にいえば、熊楠が夢は夢として、現実ときちんと区別していた証左でもあります。

熊楠の夢の特徴のひとつは、しばしば死者があらわれることです。すでに見てきたとおりですが、父だけではなく、多数の故人が出てきます。たとえば、一八八八年一〇月三一日に「暁、故谷富次郎氏を夢に見る」、一八八九年四月一一日に「夢に母および故藤枝と延命院に参詣する夢みる」、一九〇三年二月二四日に「故羽山蕃次郎を闇《くら》いところに訪ねると夢に見る」といった具合です。これは晩年までずっと変わりません。

四月二四日には、「昨日の朝、［前年に死んだ］故羽山繁二郎［繁太郎］氏を夢に見た。君が死んだのは嘘なのかと問うも答えず」と、死者へ質問を発しています。しかし、答えは得られませんでした。まあ、それはそうでしょうが。一八九六年四月七日には、「朝、故桜井延三郎氏に会う夢を見た。桜井氏が言うには、ひとが死ぬときは冥途から手紙を出す。また言うには、ひとのせんずりは死後のほうが死ぬ前より多いと」とあります。意味深いのかアホなのかよくわからない夢です。ともかく、このように死者と会話をかわし、何らかの情報を得ようとしていたのでした。

那智での夢を位置づける

現在のわたしたちは、「夢は夢でしかない」、「現実ではない」としりぞけてしまいます。熊楠もおそらく最初は、夢に積極的な意味を見出してはいなかったと思われます。ところが、時代性が特殊でした。霊魂や精神への関心が高まり、心霊的なものの実在が模索されていたのです。熊楠はアメリカ、イギリスに滞在することで、そうしたものの最先端にふれてきました。なおかつ、在外中に次々と家族を亡くす悲劇に見舞われてもいたのです。

それらを経たのち、帰ってきた日本で起こった決定的なできごとが、和歌山での「夢のお告げ」であり、那智での幽体離脱体験でした（前者は本当に起きたことかわかりませんが、熊楠の語りのもととなるような、なんらかのできごとはあったと考えられます）。那智に入ったころから、さまざまな文献から夢についての情報収集を始めており、日記に『栄花物語』巻四の「見はてぬ夢」から抜き書きしたり、近松門左衛門の『曾根崎心中』の「夢の夢こそ哀れなれ」という一文についてメモしたりもしています。

『ベールをとったイシス』を読みかえし、マイヤーズの著作をイギリスからとりよせたのも同じころのことでした。夢のことを強く意識しながらこんな本ばかり読んでいたら、おかしな夢を見るのは当然でしょう。一九〇四年四月一日の日記にはこう書かれています。

夜、横になりながらマイヤーズ［……］を読む。灯りを消してしばらく眠るうちに、頭のあたりにたくさんのひとが来る夢を見た。次に父ともうひとりが座っているのが見えた。父の膝の前にある衣を手で押してみると抵抗があった。［弟の］常楠とわたしの頭に何かするようにして、右の二人は去り、仏壇の扉からなかへ入るように消えた。わたしひとりとなり、足がおのずから幽霊のように、腰から下がなくなり［……］。
○襲われているわけではなく、ひとを威す声で目が覚めた。昨年末に病院にいたときにもあった。

一九〇三年三月一〇日には、「暁に夢に見た」として、

故清原彰甫が来た。ひとを避けて話す。わたしから問う。あの世では、この世で大きな働きをしたひとと、徳を積んだひとどちらが貴いのか。答。そこに違いはない。［……］問。この世界とあの世は異なるのか。答。自分でよくわかっているだろう。この世界の原則は人間のみのものだ。だから、あの世のルールと異なっている［……］。

などと延々と問答をつづけたというのです。清原は和歌山中学時代の同級生で、熊楠と同時期に東京に出たのですが、肺病にかかり、和歌山へ戻って亡くなりました。この夢では清原と問答をしています。かつて羽山繁太郎に問いを発したときは答えてもらえませんでしたが、つい

に（？）死者と意思の疎通ができるようになったのです。ただし、これも日記のこのあとの箇所に「(前夜モンタギューの死についての論考の書評を『N&Q』で読んだ)」とあり、読書から強い影響を受けていることがわかります。一月二四日号の『N&Q』に、一六三一年に初代マンチェスタ伯ヘンリー・モンタギューが著した『死と不滅についての黙想』のリプリント版の書評が出ているのを目にしていたのでした。

このような意味ありげな夢を何度も経験した末の三月一〇日に、幽体離脱が起きたのです。マイヤーズをはじめとする読書体験こそが、熊楠の神秘体験の引き金となったと言ってしまってもいいのではないでしょうか。

しかし父の死や欧米の心霊研究を経た熊楠にとっては、それはたんなる夢ではなくなっていました。夢ではあるけれども、現在のわたしたちのように「夢にすぎない」とわりきってしまうのではなく、それ以上の可能性を感じていたのです。ただ、この時点ではおそらく、どのように解釈すればいいかわかっておらず、やがてさまざまな方法で魂や夢の研究を試みるようになります。

熊楠はその後もさまざまな夢を見つづけ、やがてはこんな境地に至ります。男色研究家として知られた岩田準一宛書簡（一九三一年八月二〇日付）にある一文です。

外国にあった日も熊野にいた日も、あの死んでいなくなってしまった二人［羽山兄弟］のことを片時も忘れませんでした。自分の亡父母と、この二人の姿が、昼も夜もすぐ近くに見えたのです。言葉は発しないものの、いわゆる以心伝心でいろいろなことを暗示してくれました。そのとおりの場所へ行ってみると、たいていそのとおりの珍しいものを発見できました。それを頼りに、五、六年山奥の静かな山谷のあいだに仮住まいしました。これはいわゆる潜在意識が、周囲の環境のさびしいことで自在に活動して、［……］あるいはもののイメージなどがあらわれて、思いもかけぬ発見をしたのです。（『全集』九巻）

父親だけではなく、母親もあらわれ、さらに旧友・羽山兄弟までが昼も夜も寄り添い、「お告げ」をくれるようになっています。

岩田は鳥羽出身の画家で、熊楠とは男色研究を通じて親しくなりました。江戸川乱歩とも交流があり、『パノラマ島奇談』などの挿絵を担当しています。羽山兄弟は少年時代からの親友でしたが、兄の繁太郎は一八八八年、弟の蕃次郎は一八九六年に肺病のため相次いで亡くなりました。二人に対して熊楠は特別な感情を抱いていたとされますが、現在の研究では実際の男色行為はなかったものと考えられています。熊楠と岩田については、辻晶子、森永香代らの研究があります。

那智での体験がもととなって、熊楠は夢の研究にのめりこんでいきます。神秘学を試してみたり、マイヤーズに頼ったり、民俗資料から類例を探したりと、さまざまなアプローチを試みるのです。しかし、研究が明確なゴールを迎えることはなく、最終的な結論がどうなったのかわかりません。熊楠は、最後までやりとげずに研究を終えてしまいがちな人間でした。自分で満足、納得できたら、それでよかったのです。結果を出すことがつねに求められている、現代的な意味での科学者ではなかったからというのもありますが、残念です。

熊楠がイギリスに滞在した時期は、ウィーンのフロイトが夢分析を試みていたころでもありました。フロイトは無意識や記憶との関係から夢の説明を試み、精神的治療にも役立てようとしました。その結果としてまとめられたのが、『夢判断』(一九〇〇年)です。熊楠がフロイトを読んだことはなかったようですが、こちらも『ネイチャー』などでさかんに話題になっていましたから、おそらく名前くらいは知っていたものと思われます。ただ、熊楠がフロイト流の精神分析を、みずからの夢に適用したようすはありません。

夢についての英文論考

さて、明確な結論は示さなかったものの、熊楠は夢についての文章をいろいろ残しており、その研究の道のりや、めざしていたものの一端をうかがうことができます。基本姿勢はやはり説話や民俗の東西比較です。英文論考では、夢を売ったり、盗んだりするテーマが扱われています。

「夢を買う」（『N&Q』一九一四年一一月二八日号）は、こんな内容です。

昔気質《むかしかたぎ》の日本人のなかには、夢は「売ったり」「買ったり」できると考えているものがいまもいる。つまり、ある人物の夢に吉兆があらわれたら、それが現実となる前にその人物に然るべき代償を払えば、別のものがその吉《きち》を譲り受けることができるというのだ。それどころか、夢を見た人間に代償を払わず、断りもなく、到来するはずの福を盗む方法があると昔のひとは信じていた。

［……］「昔、備前［備中］の国に、郡司の息子で名をひきのまき人（史実としては吉備真備、六九三〜七七五年）というものがいた。あるとき、夢を見たので、夢解きの女のもとを訪ね、解釈してもらった。そこへ国守の長男がやってきて、近頃こんな夢を見たがどう思うかと夢解きの女に問うた。『これはたいへんおめでたい夢で、将来、大臣におなりになるということです。それゆえ、誰にも話してはなりません』と女が言ったので、若者はたいそう喜んで帰っていった。

これを盗み聞きしていたまき人は部屋から出てきて、女に詰め寄った。『国守の息子の夢を取るのに手を貸してくれ。夢を取る方便があるというではないか』。まき人が熱心に頼むので心を動かされた女は、もう一度出直して、あの若君の見た夢を語り口と言葉をすべてそっくり真似て話しなさいと言った。まき人がいとも巧みにこの真似事をしてみせると、女はそれにこたえて、まったく同じお告げを一字一句違わずに伝えた。後年、天皇によって大臣に任用されたまき人は民の教化におおいに貢献し、その誉れは日本史上に消えがたく刻まれている。いっぽう、夢を巧みに取られた国守の跡継ぎはぼんやりしているうちについに一度の昇進もないまま生涯を終えた」(『宇治拾遺物語』一一世紀頃、一三巻)［……］こうした夢を買う話は、おそらくほかのさまざまな民族の歴史や伝記、民間伝承にも出てくるだろう。しかしながら、わたしは日本と朝鮮以外ではまだひとつの例も見たことがないので、何かお教えいただければまことにありがたい。

これも一種の「夢のお告げ」で、将来の成功を夢が教えてくれています。ただし、その価値に気付かないと、他人に奪われてしまうわけで、一種の教訓譚ともいえるでしょう。熊楠も、こうした話にはおおいにうなずいたはずです。きちんと夢の価値を認識し、お告げに従った結果、珍種を手に入れた成功者として。

最後のところで、熊楠は例によって類例を求めていますが、回答は出ませんでした。ただし、ホーンゲイトという投稿者による「夢と文学」というタイトルの質問が次号に掲載され、この話題はそちらに引きとられたかたちとなりました。熊楠はこちらにも回答を寄せています。熊楠が回答として寄せた「夢と文学」（『N&Q』一九一五年五月一五日号）は、このような内容です。

フランク・シーフィールドの『夢の記録と奇譚』（ロンドン、一八八五年、二巻二二九ページ）に、トマス・クロムウェル博士（好古家協会会員）が書いたという一一行の詩が引用されている。これは博士が一八五七年一月九日の晩、病気の苦痛をおさえるために鎮痛剤を飲んだあと、夢のなかでつくったとされており、博士の『魂と来世――付録八・夢中に記述せる文学ほか』に載っている。わたしはその詩に文学的価値があるかどうかを判定する立場にはない。

［……］「藤原師輔《ふじわらのもろすけ》（九〇九［九〇八］～九六〇年）が傑出した人物であったことはまちがいない。自分の子孫に望んだことで、遅かれ早かれ、実現しなかったことはひとつもなかった。しかしながら、ただ一度犯したあやまちが、おおいに悔やまれる。師輔がまだ若いころ、両手に内裏《だいり》を抱いて立っている夢を見た。北を向き、左右の足はそれぞれ西と東の大宮の上にあった。目醒めて、たまたまそこにいた小賢しい女房に夢のことを話すと、

彼女はこう言った。『そのように足を広げられては、さぞや痛かったことでしょうね』。この的外れな言葉のために、夢がもたらすはずであった幸運はどこかへ行ってしまい、師輔の子孫はみな権力を得て栄えたが、師輔自身は最高の官位である摂政の位を得ることができなかった……。吉祥の夢も、悪く解釈すれば実現するときの様相がまったく変わってしまうと昔から言う。それゆえ、くれぐれも知恵のないものに夢を語ってはならぬ」（『大鏡』一二世紀、「右大臣師輔」）

ホーンゲイトの投稿は、スティーヴンソンの『ジキル博士とハイド氏』やコールリッジの『クブラ・カーン』は夢で見た内容を文学作品にしたことで有名だが、そのようにして生まれた作品がほかにないかという質問でした。まず出たドッズの回答では、古代の詩人ケドモン、ルイス・キャロルの『シルヴィーとブルーノ』などをあげたうえで、熊楠の「夢を買う」に言及されています。ほかにも、ギリシア・ローマ文学の例やラドクリフ夫人『ユードルフォの謎』など、多数の例が寄せられており、存外にこうした作例は多いようです。ただし、ディケンズは「自分の創作中の人物が自分の夢に出てくることなどない」と述べているそうですが。

熊楠は、このようにして近代以前の文学や世界各地の民族誌から、夢に関する話題をいろいろ集めていたのでした。当時、夢を研究するといっても、その方法はきわめてかぎられていました。どんな機械をもってしても、夢を録画することはかないませんし、他人の夢をのぞきみることもできません。それに対してフロイトは、精神や心の研究の一環として夢分析を試み、いっぽうで熊楠は世界中から夢のテーマを集め、総合的に解釈しようとしたのです。とくに中世や近世の説話、各地の民俗、アジア、アフリカ、オセアニアなどの民族誌を対象としたのは、近代の思想や文化に染まっていない、人間の夢の本質的な部分が見えてくるはずだと期待していたのではないでしょうか。

第七章　親不孝な熊楠

お告げをくれた父親との関係

「夢のお告げ」が当初、父親によるものとして語られた点は重要です。ここで熊楠の生涯を家族との関係を中心に見ていきましょう。

熊楠の父親の弥兵衛は、一八二九年、現在の和歌山県日高郡日高川町にあたる矢田村入野《にゅうの》の向畑《むかいばた》家に次男として生まれました。御坊で丁稚奉公《でっちぼうこう》ののち、和歌山に出て両替商の福島屋で番頭を務め、やがて橋丁《はしちょう》の大きな商家・南方家に婿養子として入ります。未亡人と結婚したのですが、まもなくそのひとは亡くなり、新たに妻として迎えたすみとのあいだに生まれたのが、熊楠でした。つまり、もともとの南方家とは、熊楠は血のつながりがありません。このような関係は、血よりも家がつづくのを優先した江戸期には珍しくなかったことではあります。

弥兵衛には商売の才覚があり、「明治一〇年、西南の役ごろ非常にもうけ、和歌山のみならず、関西にての富豪となった」といいます。一代で成り上がったひとだったわけです。熊楠も子どものころから不自由ない生活をし、学費や海外での生活費もすべて父親から出してもらっていました。

熊楠は父親のことや南方家のこと、またみずからの半生について語るのを非常に好みました。自身の「熊楠」という名前についても、「南紀特有の人名」(『全集』三巻)で次のように述べています。

紀伊の藤白《ふじしろ》神社の脇に、楠神と称して、とても古いクスノキに注連縄《しめなわ》を結んだものがある。当地、とくに海草郡のなかでも、わたしが属する南方を苗字とする家々では、子どもが生まれるたびにここに詣でて祈り、神官から名前に付ける一字をもらう。楠、藤、熊などである［……］。

私の兄弟九人のうち、兄の藤吉、姉の熊、妹の藤枝はいずれも右の縁から命名され、残る六人もすべて名前の下に楠が付く。なかでもわたしは熊と楠の二字を楠神から授かった［……］。

海南市にある藤白神社は、熊野九十九王子と呼ばれた熊野古道沿いに点在する社のなかでも、とくに重要な五躰王子のひとつとされ、古くから崇敬の対象となってきました。現在も境内に何本もクスノキの大木があり、そのうちの一本が楠神社として信仰されています。

実際にはこの地に生まれた子がみなが、右のように名付けられたわけではありませんが、当時の人名録や電話帳を見ていると、「熊楠」という名前は何人も見つかりますし、「楠熊」なる人物もいます。このような名付けが行なわれるようになった理由は明確ではないものの、武内善信の推論によれば、藤白神社が子育ての御利益で知られ、また大木へと育つクスノキの生

海南市・藤白神社内にある楠神社

命力にあやかったのではないかということです。

熊楠は父親にずいぶんと可愛がられたようです。熊楠が幼少時から読書を好み、漢字もすらすら読めたことから、「この子だけは学問させようということで、ずいぶん学問を奨励してくれた」（『全集』六巻）と回想しています。いっぽう長男の藤吉は絵に描いたような放蕩息子で、やがて家から追放されます。実家を継いだのは弟の常楠で、現在の世界一統（旧南方酒造）も常楠の家系です。

すでに述べたように、熊楠は父親の後押しで渡米するものの、商業の道は放棄してしまいました。我々研究者からすると、熊楠はおよそ商売には向かない人物だったように思われますが、渡米した当初は商業で生きていくつもりで、パシフィック・ビジネス・カレッジという学校に入学します。しかし、「商業学校に入ったが、いっこうに商業を好まず」と中退し、そののちは商業を学んだようすはいっさいありません。弥兵衛は和歌山の有力な商人であり、息子にもその跡を継いでほしいと願っていたのでしょうが、熊楠は期待を裏切ることになったのです。

なおかつ、ランシングの農学校に移ったころに学資増額を要求したようで、それに応えた一八八八年一一月六日付の父親と兄からの連名の書簡には、悩んだすえに二〇〇〇ドルの学資を出すことにしたと書かれ、さらに「何分にも心を広くもち、神経を痛めないよう壮健にて勉強し、その農学校を卒業したならば、知識を増し、学問を進めたうえで、一度めでたく帰国し、我が国にも名を上げ、そのうえでまた都合により、ふたたび渡航したらどうでしょうか。それまで、当方でも一同楽しみに待っています」と熊楠の将来に期待し、温かい言葉をかけています。

しかし、中退をくりかえすことには不満があったようで、一二月五日付の書簡では、「どこの国でもたびたび転校していては、学問も進みがたいと思います。商業でも職人でもたびたび転じては何事も勝利が難しいものです。[……] 実に高額な学資金ゆえ、おおいに心配しています。なにぶん親は、子のことを明けても暮れても忘れる瞬間はないのです」と諭しています。実にもっともな戒めの言葉です。熊楠も心を痛めたでしょうが、結果としてまったく従わなかったのは周知のとおりです。

いっぽうで、熊楠が父親を尊敬していたのはまちがいないようです。「履歴書」では、父親のことを回想して、無学ではあったものの、寡言篤行《かげんとっこう》の人間だったとし、また「次男熊楠は学問好きなので学問をして生きていくべし。ただし金銭に無頓着なものだから、一生富むことはできないだろう」と言って財産を残してくれたことに感謝しています。

農学校中退後は、植物採集など好きなことをして過ごしていた熊楠でしたが、フロリダ州ジャクソンヴィル滞在中の一八九二年八月八日に弥兵衛が亡くなります。熊楠はそのことを知らないまま、九月一四日にニューヨークからイギリスへ渡り、九月二八日にロンドンの横浜正金銀行で受け取った常楠からの手紙で父親の死を知ることになりました。もはや、恩を返すことは叶わなくなってしまったのです。

さらに母親のすみも熊楠がロンドン滞在中の一八九六年二月二七日に亡くなり、それを知った四月一三日の日記には、「朝、父の屍（母もそばにあり）を夢に見た。そうこうしているうちに八時ごろ、国元から母の訃報を伝える書状二通および葬式の写真六枚を受けとった」とあります。これもある種の夢での予知として語られているのです。

熊楠にとって父親の死は非常なショックだったようで、「ロンドンにいた九年のうち、最初の二年は亡父の訃報に接して、おおいに力を落とし」とまで記しています。さらにアメリカへ旅立ったときのことを思い出し、「最初に渡米したとき、亡父は五六歳で、母は四七歳くらいだったと記憶している。父が涙の出るのをこらえるようす、母が思わず声をあげてしまったさま。いまはみんな死んでいなくなってしまった。兄姉妹と弟が声もなく黙りこみ、うつむいていたようすが、いまこの書状を書いている机の周囲に、手で触れられるがごとく視えています」と述べ、「帰国してみれば、両親すでに世を去り、空しく卒塔婆《そとば》を留め」ているのみであったと悲しげにいうのです。熊楠が晩年まで、弥兵衛の遺品である角帯を愛用し、それを使うと心が引き締まると話していたとの逸話もあります。

親不孝者の息子

熊楠の論考には、親子関係や子どもについて扱ったものが多いのが特徴です。わたしがずっと研究してきた『N&Q』に出たものだけでも三二篇があげられるほどで、「不孝な息子の話」(一九〇三年八月八日号)、「矢を折ること――教訓」(一九〇七年七月一三日号)、「親不孝者の息子」(一九〇八年一一月二一日号)、「子どもが自分の運命を占う」(一九一〇年四月一六日号)、「ないがしろにされる父親――中国の場合」(一九一〇年八月二〇日号)、「五月生まれの男の子」(一九一九年一月号)などがあります。

テーマ的には、親不孝者の息子を扱ったものがめだち、なんと一〇件にものぼります。「不孝な息子の話」は、A・コリングウッド・リーがアイルランドの物語を引用した投稿を受けて、中国の類話を紹介したものでした。

この話は『稗史《はいし》』にある。原穀《げんこく》というものの祖父が年老いて、両親はこれを疎み、捨てようとした。一五歳の原穀は諫めたが聞いてもらえなかったので、ついに意地悪な手段をとらざるをえなくなった。荷車をつくって祖父を乗せ、野に捨て去り、空の荷車を引いて戻ってきたときに、なぜ荷車もその場に捨ててこなかったのかと父に聞かれると、「いつかお父さんが老いて捨てなくてはならなくなったとき、新しい荷車をつくる余裕がないかもしれない。そのときのために持ち帰りました」と言った。父はこの言葉におおいに心を動かされ、老父を連れ戻して手厚く世話をした。

日本の姨捨山伝説に近いタイプの物語ですね。親不孝者の父が息子の知恵で改心して、孝行者へと変わっています。

「ないがしろにされる父親――中国の場合」は、スコットランドの物語をとりあげたもので、裕福な男が「すべての財産を子どもたちに分け、彼らの家を順番に巡りながら暮らすことにした。父親がやってくると、息子たちは次第にうんざりして不快に思うようになり、何とかして追い出そうとした」ので、友人の助言によって、孫たちの前でまだ財産が残っているふりをし、そのことが息子たちに伝わるようにしたところ、ふたたび手厚くもてなされるようになったという話です。中国の『史記』からも似た物語が示されています。

では、熊楠自身は不孝な息子だったのでしょうか。そこは他人が判断していい問題ではないとは思いますが、ここまで見てきたような経緯と、こんなにも多数の親不孝者を扱っている点からすると、熊楠が自身を「親不孝な息子」に重ねていた可能性は高いのではないでしょうか。

英文の「親不孝者の息子」を日本語に直した「親の言葉に背く子の話」(『人類学雑誌』三三巻一号、一九一八年一月)には、「大阪毎日新聞」に能登の話として載ったものが引用されています。

フクロウは、もともとはなはだ根性が曲がった息子で、母親が川へ行けと命じれば山へ、山へ行けと言えば川へ行った。母親は、臨終に際して自分の遺体は川端へ埋めるように遺言した。これは万事親の言うことの反対をする男だから、こう言っておけばきっと陸地に埋めてくれるだろうと思ったからであった。しかし、息子は母親の死ぬのを見たとたん、ふだんの不孝を悔い、生まれて初めて母親の言葉に従って、その遺体を川端へ埋めた。[……]それからは雨が降りそうになるたびに、川の水があふれて母の遺体が流されないか心配して、フクロウが鳴くのだ、と。(『全集』二巻)

実に不孝な物語です。最後に親の言うことに従ったつもりが、正反対の結果になってしまうとは。ところで、フクロウはなぜこのように不孝な鳥として語られるのでしょうか。熊楠もその点は疑問に思ったようで、このあと考察をつづけ、古代中国でフクロウは成鳥になったあとで母鳥を食うと信じられていたことと、日本でフクロウの鳴き声を「天晴る前に糊磨《す》りおけ、雨ふる前に糊取りおけ」（後述）と聞きなしてきたことに注目します。

聞きなしとは、鳥の鳴き声に言葉をあてたもので、コノハズクが「仏法僧」、サンコウチョウが「月日星《つきひほし》ホイホイホイ」、コジュケイが「ちょっと来い、ちょっと来い」とされるのが代表です。鳥類研究家の川口孫治郎が、一九一六年ごろに使いはじめた言葉ですが、聞きなし自体は古くから行なわれてきました。なかでもフクロウは聞きなしのバリエーションが多い鳥として知られ、「ぼろ着て奉公」「五郎助奉公」が有名なほか、「糊付け干《ほ》うせ」「糊つけ　ほほん」が、東京付近、信州、島根から秋田にかけての日本海側に分布しています。糊に関する聞きなしは、フクロウが雨の前に鳴く習性から来ており、熊楠は「紀州俗伝」の一篇として書かれた「梟と天気」で次のように説明しています。

日高郡矢田村あたりの俗伝で、フクロウが「ふるつくふるつく」と鳴くと、翌日はかならず晴れる（降る尽く〔雨が降りつくした〕という洒落か）。また「来い来い」と鳴くと、かならず雨が降る。〔……〕『本草啓蒙』や『和漢三才図会』には、「晴れる前に糊磨りおけ」、「雨降る前には糊取り置け」と鳴くとある。亡き父は矢田村の生まれで、何度となくこのように言うのを聞いたが、村にいる従弟〔古田幸吉〕に聞いてみたところ、いまではそんなことを言わないそうだ。二世代のあいだに俗伝が亡びた一例だ。（『全集』二巻）

話を戻します。熊楠は『N&Q』に出した論考で、日本と中国以外にも類話がないかと問いかけましたが、回答はありませんでした。いっぽうで日本には類話が多く、親不孝者になるのもアマガエルだったり、鳩だったり、セミだったりとさまざまです。さらに熊楠の話はそれて、川底に死人を葬ることにまで発展し、武田信玄の遺体を石棺に入れて水中に沈めたという伝承、ジプシーが川をせき止めて川底に遺体を埋め、そのあとまた水を戻す習俗などがあげられていきます。これらがもとになって親不孝者の話が生まれたのではないかというのですが、はたしてどうでしょうか。

熊楠が恩返しをしないうちに父親の弥兵衛が亡くなったのは、とりかえしのつかない悔恨事でした。もう一度会いたいという気持ちが夢に父親を登場させ、さらには魂の死後存続の問題を追究させたのでしょう。夢の父親が、ただの夢、すなわち熊楠自身の脳内での現象にすぎないのであれば、本物の弥兵衛に言葉を伝えることはできません。そのために、夢が夢を越えた何かである可能性を追究したのです。いっぽうで、そんな思いを抱いていたからこそ、熊楠は「夢のお告げ」というかたちで父親に花をもたせた可能性もあり、一種の罪滅ぼしだったのかもしれません。父親のお告げで珍しい植物を発見したということは、父親の偉大さの証明ともなり、実際に弥兵衛の名は熊楠の文章を通して永遠に語り継がれることとなったのでした。

魂の存続という問題は、熊楠自身の魂にかかわることであると同時に、家族の問題としても重要だったのです。

ただし、第三章で紹介したように、一九二〇年代に入ると、神秘的な力を発揮する主体が父親から熊楠本人に移っていく傾向があります。時間が流れ、悔恨の情も薄れたのでしょうか。

熊楠、入院する

さて、安田忠典や牧田健史の研究によれば、熊楠は予備門時代から激しい頭痛に悩まされており、これが退学の原因になったともされるくらいです。和歌山に帰省後も病状は改善されず、一八八六年一〇月二三日にてんかんの発作を起こし、本人も脳の病気だと自覚せざるを得なくなりました。アメリカに渡ったのも、たんに学問を積むだけではなく、てんかんが精神病の一種と見なされる時代状況にあって、周囲の目を逃れるためだったともいわれます（ほかに兵役逃れを指摘する説もあります）。しかし、アメリカでも発作が起こり、自己の精神的不安と向き合う必要に迫られることになりました。

のちの熊楠の回想によれば、自分は「元来はなはだしき疳積持《かんしゃく》ち」であって、周囲は熊楠が「狂人になること」を「患《うれ》え」ていたといいます。熊楠はそのことを強く意識しており、「ほかのひとたちのように、病を治そうとしていろいろな遊戯にふけってみたが、つまらなくて、それならば遊戯のようなおもしろい学問から始めようと思い、博物標本を自分で集めてみることにした」、「これはなかなかおもしろく、また疳積なども少しも起こらなかったので、［……］この方法によって疳積を抑えるのに慣れて、今日まで狂人にならなかった」（柳田宛書簡、一九一一年一〇月二五日付）といいます。熊楠にとって研究活動や植物採集は、自身の精神状態を安定させるための手段でもあったのです。

これがうまく効果をもたらしたのか、その後は軽い病状はたまに出るものの、大きな発作は起こさずにすみました。熊楠の脳は死後にとりだされ、大阪大学医学部に保存されていますが、これをMRIで調べたところ、どうやら側頭葉てんかんがあったらしいとわかりました。医学者の近藤俊文や臨床心理士の小坂淑子《よしこ》らも、病状の解析から、この見解を支持しています。

さて、大きな発作はなかったものの、いささか危険な状態となったのが、那智滞在期のことでした。精神状態に不安を覚えた熊楠は、みずから天満南海療病院を訪れて診察を受け、以後しばらくのあいだ入退院をくりかえすのです。

一九〇三年一〇月五日の日記には、

夜、提灯をともし、川関と天満のあいだの川を徒歩で渡り、天満南海療病院に行った。月見ということで、病院に関係のあるひとたち五、六人と清水氏が飲んでいた。やがて散会となった。清水氏と話して、病院に泊まるつもりになった。病室で飲み、それから松月という家に行き、飲んだ。松次（和歌浦のもの、南秀吉の女）ほか二人が来て三味線を弾き、歌った。清水氏は去り、わたしは宿泊した。

とあります。入院しに行ったのか、飲みに行ったのか、よくわかりません。以後も牛肉、ビール、鰻と贅沢な食生活が記され、意外に気楽な入院生活だったようです。このときは一五日に退院しますが、二一日に再入院し、翌年一月、七月にもしばらく入院生活を送っています。なお、熊楠は「入院」という言葉は使わず、「とまる」「宿る」などと表現しています。

すなわち熊楠は、いつ自分が正気を失うかわからない、自分という人格が消えてしまうかもしれないという不安にさいなまれていたのです。こうした精神状態が、のちの幽体離脱体験へとつながっていきます。

病院に頼ったということは、この段階では熊楠が自身の問題を精神的なものと意識していたことを意味します。ただ、おそらく精神医学だけでは満足できなかったのでしょう。このあと熊楠は、マイヤーズにのめりこみ、睡眠中の体験についても独自の解釈を試みていくのです。

変態心理への関心

けれども、まったく精神医学への関心をなくしてしまったわけではありませんでした。熊楠は『変態心理』という雑誌に、「屍愛《しあい》について」（一五巻六号、一九二五年六月）、「女性における猥褻《わいせつ》の文身《いれずみ》」（同）、「徳川家と外国医者」（同）、「人柱の話」（一六巻三号、一九二五年九月）、「明智左馬介の死期」（一六巻四号、一九二五年一〇月）を載せています。変態心理の語が、現在の変態とは異なり、異常心理を意味するのは、すでに述べたとおりです。

『変態心理』は文学者であり、精神医学者でもあった中村古峡が一九一七年に創刊した雑誌でした。中村は東大文学部で心理学を学ぶいっぽうで、夏目漱石の弟子として小説を執筆し、一九一二年に朝日新聞に連載された『殻』が代表作として知られています。この作品には、著者自身を思わせる主人公が、親しい医師に主人公の弟の精神病について相談する場面があるのです。やがて中村は、実際に弟が精神病を発症したことから精神医学をめざし、一九二二年に四一歳で東京医学専門学校（現在の東京医科大学）に入学し、精神医学を学びはじめます。一九二九年には千葉に精神科の病院を設立し、研究と治療にあたりました。『少年不良化の経路と教育』（一九二一年）、『変態心理と犯罪』（一九三〇年）といった著作のほか、フロイトやユングの翻訳も残しています。

熊楠の「屍愛について」では、たとえば上田秋成の『雨月物語』内の「青頭巾」で、ある僧が美童を寵愛するあまり、その童《わらべ》の死後に死体と戯れ、ついには肉を食い尽くしたという物語にふれられています。こういうものが屍愛です。一種のカニバリズムですね。愛が高じて、ついにはその死体をも食べてしまう。食べることと愛することはしばしば連関するもののようで、「食べちゃいたいくらい可愛い」なんて表現もあるくらいです。ちなみに、熊楠によれば、屍愛は同性間（とくに男性）のものがほとんどを占めるといいます。

熊楠はほかにも多数の例をあげています。一八七五年ごろには、恋しく思っていた女が死んだので、せめてその屍に会いたいと墓から掘りだしたところ、蘇生したので、女の両親が許して結婚させた例があったそうです。これはハッピーエンドに終わった例で、しかも、明治になってからの出来事というのが目を引きます。一九世紀は死者の蘇生が流行った（？）時代でもありました。いったん息をひきとり、埋葬されたものの、何かの拍子に生き返り、家に戻ってきたという話がいくつも伝えられています。日本だけではなく、アメリカなどでも報告されており、とくにキリスト教圏は土葬のため、万が一蘇生したときのためにと、棺のなかに伝声管を設置した人物もいたそうです。

つづけて熊楠は古今東西から屍愛の例を引いてみせます。『宇治拾遺物語』には、愛する女性が死んでしまったとき、その死体を焼くことも葬ることもなく、夜も昼も話しかけ、いっしょに寝ていたが、しばらくたって口を吸う、すなわちキスしたところ、変なにおいが口からしたので、嫌になって泣く泣く埋葬したという話があります。ヨーロッパからも多数があげられ、一八八一年にパリで出たボールの『色痴篇』には、臨終の秘蹟を行なった神父が死体を犯した話が出ているそうです。ヘロドトスの『史書』も引かれ、エジプトで身分ある女性が亡くなったときに、すぐにミイラ造りの職人に渡さず、数日待つようにしたのは、かつて死んだばかりの女性の遺体を職人が犯す事件があったためだといいます。

愛というのは、世界のあちこちで行きすぎてしまうもののようです。

さらに熊楠は、墓所や死体安置所の近くに泊まって、死者の霊と交わった物語が世界各地にあるが、そのうちのいくつかは屍愛ではないかとも述べます。たとえば中国の『捜神記《そうじんき》』の、辛道度という人物が遊学中、ある屋敷にたどりついて食事を乞うたところ、召使いに引き入れられ、女主人に食事をふるまわれた。そのあとで女主人が、夫が死んで二三年になり、寂しいので夫婦になろうと言いだした。ところが三日後に、その女主人は、生きた人間と死んだ自分が三晩以上いっしょにいたら禍が起こるとして、金の椀を渡して送りだした。数歩もいかないうちに振り返ったが、家はなく、茨の茂った塚があるのみであった。やがて椀を売ろうとしたところに女主人の母親が来あわせ、子細を聞いたあとで塚を暴くと、副葬品のうち椀がひとつなくなっていた。死体には情交のあとがあったという話などです。

中国の志怪小説といわれるようなものには、この手の話が少なくありません。実際に交わったという話もあれば、夢でというパターンもあります。熊楠はフランスの類話にもふれていますす。結果だけ見ると、たんなる墓泥棒とも思えますが。

死者への愛もまた、熊楠にとって重要な課題だったのだと考えられます。こうした論考が『変態心理』という精神医学の雑誌に掲載されたという点も重要でしょう。死者との交わりというテーマは、広く同時代的に共有された問題であり、精神医学や説話学や民俗学といった多くの分野からアプローチされていたのです。

第八章　スペイン風邪、死と病の記録

日記のなかの死

第六章で熊楠の日記には夢の記録が無数にあると述べましたが、実はそれ以上に多いのが死の記録です。直接の友人や知人、あるいは田辺や和歌山にかかわりのあるひとたちが日に付きますが、それ以外にも著名人、事件性のあるもの、グロテスクな死などが書き留められています。

一九一〇年一〇月二四日には、

沖径徳が死に、本日葬式。
本日午後五時一五分、山田武太郎（神田区柳町にて明治元年七月生まれ）氏病死。翌日葬式、留井［正しくは染井］墓地に葬る。このひとは予備門にて同級であった。一九歳のときより言文一致の著作が多かった。美妙斎と号した。

（追記）

と二人の死者が記されています。沖径徳は田辺のひとのようですが、詳細はわかりません。町内の葬儀にはたいてい妻の松枝が参列し、熊楠自身が行くことはまれでした。もうひとりは山田美妙（一八六八〜一九一〇年）で、熊楠とは予備門時代の同級生にあたります。在学中の一八八五年に尾崎紅葉らと硯友社《けんゆうしゃ》を設立して言文一致運動に携わり、フィリピン独立運動への支援や、国語辞典の編纂でも知られる人物です。「追記」とあるのは、後日、新聞に訃報が出たのを、死亡日である二四日の日記に戻って書き付けたということのようですが、このように、こまめに死の記録が付けられているのです。

いっぽうで、スキャンダラスな死も熊楠の関心をひきました。一二月一八日には、こんな記録があります。

一六日の大阪朝日新聞に、田辺下屋敷町奈須徳太郎（三〇歳）、同町大字中屋敷山中屋芸妓若奴こと、本籍大阪難波新川町三丁目安（渡の誤字）利みちの（二〇歳）とが、一四日鉛山《かなやま》温泉千畳岩の上に行き、男女は細縄で身体をくくりあわせ、六連発の短銃で情死をとげ、岩より下へどっと落ちたところを、同日午後三時に発見され、大騒ぎとなり、田辺より警察、医師等出張。たぶん生命はおぼつかないだろう。

近所での大事件です。若奴の所属する山中屋の住所として示されている中屋敷町は熊楠の住んでいたところで、もしかしたら熊楠とも顔見知りだったかもしれません。細かく「渡の誤字」と人名の訂正まで入れているあたりも、熊楠の関心の強さを示しているのでしょう。鉛山は田辺に隣接する白浜の地名です。ほかにも地元のものでなくても、情死や自殺についての報道を書き留める例は多く、書き写している場合もあれば、新聞を切り抜いて挟みこんでいることもあります。

日記に、とくに多くの死の記録があらわれる時期があります。ひとつは戦時です。田辺から出征した兵士の死のほか、高級軍人の戦死についても興味をひかれたようです。そしてもうひとつが、一九一〇年代末のスペイン風邪が流行した期間でした。熊楠はスペイン風邪のことを「感冒」「流行感冒」「悪性感冒」などと記しており、これは当時の一般的な呼び名でした。

熊楠一家、スペイン風邪にかかる

ちょうど新型コロナ・ウイルスが流行をはじめていた二〇二〇年三月に、京都大学瀬戸臨海実験所の大和茂之に教示されて調査したところ、一九一八年から二一年にかけて田辺をスペイン風邪が襲い、多数の死者が出ていたことがわかりました。南方家でも、熊楠、松枝、文枝、熊弥と一家全員が罹患しています。そのあたりの日記を、少し詳しく見てみましょう。

田辺では一九一八年一〇月ごろからスペイン風邪にかかる患者が出はじめ、一一月になると急速に拡大し、病死者もあいつぎます。

一一月一日

当地にて悪性感冒はやる。松岡水枝も四日前の夜に和歌山から帰る船中でうつされ、寝こんでいる。隣の松岡氏妻および向かいの田中氏妻も昨日の午後、高等女学校へ運動会を見に行き、遅く帰ってから、感冒にかかって伏せっている。松枝は早く帰ったため、免れた。

一一月六日

感冒大流行、[……]本日から小学校は休み。

毛利清雅からのハガキ一通は、一一月三日午後一時に出されたものが、[今日の]午後着。町内で配達まで三日かかるというのは珍しい。郵便局では一三人が感冒で寝こんでいるからという。東京でも島村抱月が感冒から肺炎になって死亡。

一一月九日

製材所の細尾勘助の三四、五歳になる息子は、[……]昨夜から発熱、にわかに息が絶えて死亡、今日葬式と。

流行感冒のため那須藤十郎方では一一人寝こんでいると。新豊という家では七人寝こんでいると聞く。

すさまじい流行ぶりです。また東京で新劇の島村抱月が死んだことも記録されています。熊楠は知らなかったでしょうが、抱月は熊楠がイギリスを離れた直後に大英博物館へ出入りするようになり、熊楠の仕事を引き継いで日本関係収蔵品の整理に携わりました。
そして熊楠も一五日に発病します。

一一月一五日
夜八時、喜多幅氏を訪問し、診察してもらう。風邪の気配があるため。別状なしというので、帰って原稿を書く。徹夜して眠らず。

熊楠が診てもらった喜多幅とは、和歌山中学以来の友人だった喜多幅武三郎のことで、熊楠の結婚の仲人も務めてくれた人物です。熊楠はかかりつけの医師として、よく面倒を見てもらっていました。

一一月一九日
夜、多屋長［文具・書店］へ懐炉灰を買いに行く。同家にも感冒が流行中と見え、戸は半分閉じられていた。買い終えて、逃げ帰る。
この夜、稗田浅吉が来るはずのところ、感冒に付き、来ることができないと妻がことわりに来た。

流行感冒はおおいに悪性になった金源主人昨日死亡、［……］葬式は寂しく、送るひとは親戚にとどまり、会葬者の名を呼び上げもせずに出すという。去年四月の喜多幅氏の妻の葬式で、わたしと二人で嗣子の介添役を務めた高垣忠次氏（秋津川の薬屋の子、四二歳、胃腸病専門の医者なり。軍医なり）も一昨日死に、昨日法輪寺に葬られた。医者の朝倉氏の妻も本日死亡と。また喜多幅氏の病院の番人兼賄方の若主人の妻の母も本日死亡。中山嘉七の寡婦は肺炎になり、言葉も発せないまま店頭に座っていた。その子の常吉は隣の部屋で寝こんでいる。

一一月二〇日

今福湯の家内では六人が流行感冒で寝こんでいる。

一一月二一日

松枝が喜多幅氏へ治療に行き、帰って言うには、多屋謙吉氏の妻が妊娠八月にして死亡したと。また喜多幅氏方に去年まで長くいた看護婦の榎本タケも、多屋氏方にて看護しているが、流行感冒にて非常に悪いと。

今福町の葬具屋の布施屋の妹は、大阪で感冒のために死んだという。岩田の小倉氏の妹も同様と（江川のひとが大阪で死んだが、火葬はすぐにはできず、船にも積んでくれないため、屍体を風呂敷に包んで持ち帰ったという）。

一一月二二日
帰途に金崎卯吉氏を訪ねると、その妻が八日間、風邪で寝こんでおり、今日から起きたところだという。

あちこちで多数の病人が発生し、死者へのケアもままならなくなっている状況が読みとれます。当時の新聞報道によれば、田辺では連日七、八人の死者が出ていたようです。今福湯は熊楠の通った銭湯で、多屋謙吉も親しい知人でした。金崎卯吉は南方家敷地内の貸家に住み、なにくれとなく熊楠を手助けしたひとですが、その妻もかかっていました。このように熊楠のすぐ周囲でスペイン風邪は猛威をふるい、何人もの知り合いが感染していたのです。これだけ患者が多くては、もはや避けようのない状態でした。

一一月二三日
紀伊新報に杉野義男（三四）の大阪にいる妹が流行感冒にかかったのを見舞いに行き、妹は平癒したが、それから市中見物中に流行感冒にかかり、その弟もまた上阪したが、着く前に兄は死んだ。一〇歳を筆頭に六人の子があり、何にも知らず、遊んでいた［……］
朝一〇時頃に起きた。午後は別に何にもせず。感冒で鼻水が多く出る。

一五日から風邪気味だった熊楠ですが、やはりスペイン風邪にかかっていたのでした。鼻水が多く出るのは、この病気の特徴だったようです。さいわいにも重症化することはありませんでしたが、熊楠の病状は長引いたようで、一二月七日の地域紙『牟婁《むろ》新報』で、熊楠の発熱が報じられています。

一一月二四日
新庄村で流行感冒が激しく、飯を炊くひとがいない家があるという。
一一月二六日
文枝は頭痛がするといって学校を休み、横になっている。松枝にうつり、喉が痛いといって、早く横になった。夜、橙を二個買ってきて、汁を飲ませた。
銭湯に入って帰る。それからキノコを描いて記録しようとしたが、完成せず。
この日早朝、坂田幸三郎氏死去と後日の「大阪毎日新聞」で見た。

ついに妻の松枝と娘の文枝もかかってしまいました。熊楠が最初に発症したので、家庭内感染したのかもしれません。

珍しく熊楠がかいがいしく看病をしているのも注目でしょう（家の仕事はほとんどしないひとでした）。かつて橙は風邪などのときにきまって飲まされるもので、わたしも酸っぱいのをがまんして飲んだ記憶があります。ただ、熊楠も軽症とはいえ罹患していますから、仕事もままならない状態だったようです。坂田幸三郎はフレーベルの紹介でも知られる大阪の教育者です。

一一月二七日
喜多幅氏のところに行き、診てもらったが別状なしという。

熊楠は喜多幅に何度か診てもらっていますが、たいしたことはなかったようです。あるいは、重症者のあふれる状況下では、放っておかれたのかもしれません。

一一月二八日になると、「松枝快方、しかし、終日床に就いている。文枝も同様なり」と妻子ともに快方に向かいます。そして一二月一日には「この朝、小幡猖氏来診、松枝文枝とも全快とのことで起きる」と治り、文枝も翌日から小学校へ登校します。いまなら、そんなすぐに戻ってはいけないと言われそうですが。

ところが一二月一〇日には熊弥も発熱し、南方家は一家四人全員がスペイン風邪にかかったのでした。ただし、熊弥も軽症ですみ、命に別状はありませんでした。一二月に入ると次第に日記のなかの病死者の記録は減っていき、田辺での流行は沈静化へ向かったようです。なお、ここまで見てきたように多くの犠牲者が出たのは、時代状況から仕方のないことで、日本じゅう、いや世界じゅうで同様の事態となっていたのでした。むしろ田辺では、早い時期からマスク着用が推奨されるなど、多くの対策がなされ、かなりの効果をあげたことがわかっています。

スペイン風邪の流行については諸説ありますが、第一波が一九一三年にあり、五年後の一九一八年秋から世界的に蔓延しました。日本では一〇月に流行が始まり、たちまち全国に広がりました。一九一九年三月にいったん収まりますが、一二月にはふたたび流行して一九二〇年三月までの第二波、一九二〇年一二月から一九二一年三月の第三波と、三回にわたって被害を出しました（田辺にも同様に第二波、第三波が来ました）。当時の日本の人口は約五五〇〇万人ですが、内務省衛生局編『流行性感冒』によれば、罹患者数約二三八〇万人、死者数約三九万人とされ、現在の研究では、さらに多く見積もる場合もあるようです。実に日本人の半数近くがかかっていたのです。熊楠一家が罹患したのも不思議ではないのでしょう。犠牲者が出なかったのは、運がよかったとしか言いようがありません。

こうしたなかで、熊楠はどのように病に立ち向かい、生活していたのでしょうか。自身あるいは家族が死ぬかもしれないという恐怖は、少なくとも日記からは読みとれません。身の回りでこれだけ犠牲者が出ているのですから、怖れていなかったわけではないでしょうが、これといった対策は打っていません。

熊楠は基本的に家のなかで過ごす人間で、まったく外出しない日も珍しくありません。一九一八年一一〜一二月の日記を見ると、自宅でマツバランの研究にとりくみ、読書し、原稿を書いています。熊楠がどこまで意識していたかはわかりませんが、在宅ワークにはげんでいたわけで、理想的な対処法だったといえましょう。しかし、それでも一家全員がかかってしまったのです。子どもたちが学校に通っており、松枝も運動会や病院へ行くことがあったため、避けようがなかったのだといえましょう。

マツバランの研究は、イチョウの精子を発見したことで知られる平瀬作五郎（一八五六〜一九二五年）と共同で行なったものでした。マツバランはシダ植物の一種ですが、きわめて原始的な形状をしており、最初に地上に進出した植物のひとつではないかと考えられていました。しかし、胞子からの成長過程があきらかになっておらず、解明すれば、生物学上の大きな業績となるだろうと期待されました。熊楠が栽培を担当し、育ったものを平瀬に送って顕微鏡下での観察を進めた結果、まさにスペイン風邪が田辺を襲った一九二〇年初頭に胞子から発生させることに成功します。家に閉じこもり、集中して作業できたことが功を奏したのかもしれません。ところが、あとになってオーストラリアの研究者にさきを越されていたことがわかり、世界的発見とはなりませんでした。

二度目、三度目の流行と再罹患への恐怖

スペイン風邪の流行は一年だけでは収まりませんでした。一九一九年一二月になると、ふたたび流行が始まり、全国へ広まったのです。こうした落胆すべき状況のなかで、熊楠はどのようにふるまったのでしょうか。

田辺では年が明けて一九二〇年一月に入ったころから、患者が目立ち始めます。一月一八日には松枝から、喜多幅医院の看護婦が罹患し、医院の二階で寝こんでいることを伝えられましたが、熊楠は前回感染して免疫ができたと安心していたからか、その晩、喜多幅に借りていたピペットを返しに行っています。さらに喜多幅のところでは、また別の看護婦、見習いの看護婦へと次々に伝染し、喜多幅の母親、養子、お手伝いさんまで寝こんでしまい、やがて看護婦のひとりが亡くなります。ところが、熊楠は気にせず、「吸玉かけ」と、膏薬をもらいに出かけています。吸玉とは、半球状の器具を低圧にして、「汚れた血」が集まった箇所に吸いつかせ、血流改善をはかる治療法です。このころ熊楠は左胸に眠れないほどの痛みが出て腫れ上がり、左腕が上がらない状態となっていたのでした。

ほかにも朝倉医院方でも病死者が出たことが記されており、二年目になっても医療関係の犠牲者は多かったようです。

一月一九日には南方家の転居を手伝ったことのある男が、その妹が嫁ぎ先の大阪で罹患して

夫とともに死亡したといって、相続の相談に訪れた記録があります。同じ日に、前年まで南方家でお手伝いをしていた岩井フサが、その後奉公に出ていた大阪で病死し、火葬された灰だけが帰ってきたとの記述も見えます。一月二三日の日記になると、大阪では火葬が間に合わないほど死者が出て、遺体がそのまま送られてきたとあり、また田辺でも何人もかかっていることが記されています。

一月三〇日には、知人から「すはまを一箱くれた。流感で二〇日ばかり臥せっていたと聞き、地中に埋めさせた」と菓子をもらったものの、そのひとがスペイン風邪にかかっていたことを知り、処分してしまっています。

三一日には弟の常楠が罹患して一時は危篤だったものの、すでに快方に向かっていると伝えられました。熊楠が実家に出した見舞いの手紙には、一五日の朝に自分と常楠が亡父母のかたわらにいる夢を見たことを記したとありますが、これが正夢にならなかったのは幸いでした。あるいは、亡父母のおかげで二人とも助かったということなのでしょうか。実家からの返事には、常楠以外にも何人も家庭内で発症したことが記されていました。ただ、幸運なことに和歌山の南方家でも死者は出なかったようです。

二月に入ると流行は沈静化していき、やがて収まります。ただ、このころの日記に、一九一八年に一度罹患していたひとが、ふたたびかかって死亡したとの記述が見えます。スペイン風邪の免疫については現在でもよくわかっていませんが、再罹患の可能性があったようなのです（たとえば、芥川龍之介が再感染したことが知られています）。

そして一九二〇年の冬が近づくと、三度目の流行となります。一二月一三日に文枝が体調を崩して寝こみ、医師の小幡猖によって「流行感冒」と診断されます。通常のインフルエンザをさしているのではないかと思われますが、文枝も最初の流行時にスペイン風邪にかかっており、熊楠は再罹患の可能性に怯えるようになりました。三〇日には喜多幅を訪れて、「流感にかかっていないか診断してもらったが、気遣いなし」と言われたといいます。それでも安心できなかったようで、一九二一年二月一三日に「くしゃみがしきりに出て、また骨が痛むため、流感の始まりかと思って横になっていた。［……］夜八時頃に喜多幅を訪れ、熱を診てもらったが、なんでもなかった」とふたたび診てもらっています。

かなり神経質になっていたことが伝わってきますが、結局、熊楠がスペイン風邪に再罹患することはありませんでした。

ペストとコレラ

熊楠の日記には、死だけでなく、病気についての記述も多くみられます。大英博物館で世話になっていたチャールズ・リードの夫人が風邪で寝こんでいるとか、下宿の大家が体調不良だとか、手紙で友人の病を聞いたといったものです。率直にいえば、わざわざ日記に記すようなこととは思えません。取捨選択されたようすもなく、病人について耳にしたら、とにかく書き留めたといった感じです。おそらく病気そのものへの関心が高かったのでしょう。

イギリス時代に『ネイチャー』へ出した「中国のペスト」（一八九九年二月一六日号）には、こう書かれています。

『エンサイクロペデイア・ブリタニカ』〔……〕で、J・F・ペイン博士はこう記している。「中国で近年、東洋のペストの発生がいくども伝えられているのは興味深い。これは、雲南省では一八七一年以来観察されている。……風土病のようだが、もとビルマから来たとの風説がある。（一八七二年に）この地方での叛乱が鎮圧されて以来、顕著になった」しかしながら、最近わたしが目にした洪亮吉《こうりょうきつ》の『北江詩話』〔……〕には、雲南省では、はるか以前からこの疫病が発生していたことの証言となる一節がある。というのは、一七三六〔一七四六〕年に生まれて一八〇九年に没したこの著者は、自分の同時代人がペストで死んだといっているのである。「師道南は、いまの望江の令である師範の子で、その（詩の）才能が知られていたが、わずか三六歳で死んだ。……そのころ、（雲州の）趙州では、白昼から怪しい鼠が人家で見られ、地面に倒れていたり、血を吐いて死んでいたりした。ひとたびその毒気に冒されると、あっという間に死が訪れ、それを逃れたものはひとりもいなかった。このことについて道南がつくった「鼠死行」という賦は、彼の生涯の傑作だが、彼自身、数日後には、この「奇妙な鼠の疫」によって死んだ。(『ネイチャー誌篇』)

一八九〇年代には中国でペストが流行しており、一八九四年にアレクサンドル・イェルサンが香港でペスト菌の発見に成功します。この論考も、そうした状況を受けて書かれたものでしょう。しかし、ペスト菌の発見以前から、ネズミが原因だということはわかっていました。ヨーロッパだけではなく、中国でもそのことが知られていたのを示すのが、「中国のペスト」の眼目でした。このように熊楠の英文論考には、東洋科学もけっして遅れてばかりではなく、早くから発達していたことを指摘するものが目立ちます。

イギリス時代に『ネイチャー』と『N&Q』に投稿をはじめ、帰国後も英語でのみ論考を執筆していた熊楠ですが、一九〇四年四月の『東洋学芸雑誌』(二七一号)の「応問」欄に、シダに関する質問を寄せ、これが邦文でのデビュー論考となりました(ちなみに、この投稿にタイトルは付いていません)。『東洋学芸雑誌』は、もともと『ネイチャー』を意識して創刊された雑誌でした。そして一九〇七年一〇月の『東洋学芸雑誌』(二四巻三一三号)に、熊楠は同時に三篇を寄せるのですが、そのなかに「ペストと鼠の関係」と題する一文がふくまれていました。

右の『ネイチャー』への文章をほぼ忠実に日本語に直したもので、「一八世紀の中国人がペストとネズミに何らかの関係があることを知っていた証として充分であろう」としています。

日記にも、ペストへの言及が何度かあります。

一九〇六年七月一日

［芸者の］小金に五円贈る。［……］同人は、弟がペストにて死んだため、三味線を弾かなかった。

一〇月三日

［田辺近郊の］秋津にペストに類似した症状があるという。

一〇月一八日

中屋敷町にペスト予備の毒剤が配られた。

一九〇六年に和歌山でもペストが発生していたのです。一〇月一八日に配られた「予備の毒剤」というのは、殺鼠剤のことでしょう。『東洋学芸雑誌』に書かれたペストの論考も、やはり時流に乗ったものだったのです。

日本で最初にペストが発生したとされるのは一八九六年で、中国からもちこまれたものでした。その後は一九二六年まで断続的に流行をくりかえし、数字の残っている一八九九年以降の感染者数は二九〇五人。うち二四二〇人が死亡したとされ、死亡率の高さにはぞっとさせられます。坂口誠の研究によれば、一九〇五年から大阪で日本史上最大の流行が起こっており、熊楠の日記にあるように、一九〇六年には隣県である和歌山へも侵入していたのでした。

日本では一九二六年を最後に、ペストの発生はありません。しかし、現在も世界では、アフリカを中心に、エピデミック（特定の地域での流行）をくりかえしています。インドやベトナム、ミャンマーで発生することもあり、日本でも危険性がまったくなくなったわけではありません。「ペストと鼠の関係」にあるように、「怪しい鼠が出て、昼間から人家に入り、そのうち地に転がって血を吐いて死んだ」のを見かけたら、気をつけたいと思います。

コレラもまた近代の日本で流行した病気で、日記にも何回か言及が見られます。

一八八五年八月三一日
長崎のコレラ。新患者一一八人、死亡九五名（二五日より二八日まで）。初発より患者一七四人、死亡一〇六名、全治二名。内務省、長谷川泰および属官二名を派遣し、これを視察させている。
九月二四日

コレラ病流行のため、京浜間往復の汽車中に検疫官を置き、ならびに医員を乗りこませ、また新橋ステーション、品川二ノ台場、羽根田、金杉沖、上総澪、大森村へ検疫所を置き、旅人と入港船舶を検査させている。

一八八六年六月二日

この日、[……]久保田楠吉氏が羽山氏を来訪した。大阪の某私塾にいたが、コレラ病流行により帰郷という。

こちらも死亡率の高さに驚かされます。そしてコレラもまた熊楠の身近へと侵入していました。

一九〇二年一一月二日

一昨日、鉛山菊屋にて佐武(田辺の米屋)の長男がかけとりに行き、泊まったが、虎列剌《コレラ》にて死亡。そのため海水浴客の多くは去った。上客は一〇名あまりあるのみで、大不景気なりと。右の死んだひとは、木津文吾氏の弟の妻の兄という。

一一月二三日

湯崎で先日コレラ患者が出たことなどにより、人気回復のための相撲興行があり、船賃無料だったので多くのひとが見に行った。

鉛山も湯崎も白浜の地名で、そこでコレラが発生したのです。さいわい広がりはしませんでしたが、それから数週間しかたたないうちに相撲の興行を行ない、船賃まで無料にしてひとを集めたというのは、はたして大丈夫だったのでしょうか。田辺をふくむ『西牟婁《にしむろ》郡統計書』を見ると、これ以後も、一九一二年に郡内でコレラ患者が七人発生して六人死亡、一九一六年に二七人発生して二五人死亡と、断続的に被害があったようです。ほかにも赤痢やジフテリア、腸チフスといった伝染病で毎年のように犠牲者が出ています。

このように熊楠が生きた時代には、さまざまな病気が流行し、たくさんのひとが亡くなっていました。羽山兄弟は肺病の犠牲になりましたし、日記にはハンセン氏病についての記述も見いだせます。フィラリアの一種である象皮病が串本付近に多かったことや、紀南の風土病である牟婁病（筋萎縮性側索硬化症の一種）についてもメモが残っています。こうした時代においては、病や死との付き合い方が現在と異なるのも当然でしょう。

流行り病を避ける方法

「厠神」（『人類学雑誌』二九巻五号、一九一四年五月）では、流行り病の避け方が披露されており、当時の田辺近辺では、眼病が流行ると厠神に祈っていたようです。厠の前で線香を焚いて左右に小さな赤い旗を立てる、あるいは一家の人数分の小さな赤旗を厠の壁に挿して祈れば、眼病にかからずにすむとされています。典型的な呪術的治療法といえましょう。しかし、なぜ厠なのかは説明されていません。

また別の論文では、『甲子夜話』から引用して、目を病んだものが信州の須賀不動にお参りし、タニシを食べないことを誓えば、かならず効果があって治ると紹介しています。しかも、たんにタニシを食べないだけでなく、田のなかに石を投げ入れるようなことを慎み、タニシを大切にすれば、すぐに治るといいます。またあるとき、このお堂が火事に遭ったので、不動像を担ぎ出して田の水のなかに入れておいたところ、タニシがおびただしく集まり、像をとりかこんでいたとも書かれています。

熊楠はこれについて、薬学書の『本草綱目』にタニシが眼病に効くとあるのを見出し、タニシも目も丸いから、こんな薬方が考えられたのだろうと述べています。文化人類学的にいえば、熊楠も熟読していたフレイザーの提唱した感染呪術（類感呪術）という考え方にあたり、形の似たものには薬効があると信じられていたのです。

「感冒」（『民俗』一年一報、一九一三年五月）では、田辺の俗信が紹介され、子どもから親に伝染った感冒は重く、親から子どもに伝染ったものは軽いとあります。こちらもはっきりした理由の説明はありません。

同月の『郷土研究』（一巻三号）でも同じ俗信がとりあげられ、またその三項目あとには、田辺では黒猫を腹にのせれば癪（急な腹痛）が治ると信じられているとも出ています。

さらにいくつか民俗的治療について並べておきましょう。一九〇六年一二月二四日の日記には、「夕、野田氏亡姉の夫・川口佐兵衛が来話。［……］ヤスラ、フナシドキのこと。痢病にこの小判を用いると」とあります。痢病とは赤痢や疫痢といった激しい腹痛・下痢をともなう病気のこと。ヤスラとフナシドキは、いずれもコバンザメをさす地方名です。そのコバンザメが大きな魚や船にくっつくための器官である「小判」が効くとは不思議ですね。

一九〇二年四月九日には、後日書き入れたメモとして、「新聞に、去る二月中［正しくは三月］に麹町区番町で少年殺しがあった。そのあたりの富豪で天刑病にかかっているものが、高価な海獣を買い入れて、その血がひとの生き血と同様の効能があるとかで、飲用したという」とあります。天刑病とは、現在では許されない呼び名ですが、ハンセン氏病のことです。これに人間の生き血や骨が効くと信じられていたのは、読者のみなさんも聞いたことがあるかもしれませんが、さらに海獣、すなわちアザラシやアシカの血もいいとされていたようです。人間のよりはだいぶ抵抗感が少なく、入手もしやすそうですが……。なお、この事件は「臀肉事件」として知られるもので、近所の子どもを殺害し、そのお尻の肉をスープにして、患者に食べさせようとしたものでした。これも熊楠のカニバリズムへの関心からメモされたのでしょう。一九一〇年一一月三〇日には、大ミミズが淋病に効くとの聞き書きも出ており、熊楠への情報提供者であった西面《にしお》鉄一郎は、その前年に四〇匹も酢で食べたといいます。一二月一〇日には、椿の餅が淋病に効果ありとも書かれています。かつてはこのような治療法が広く信じられていたのです。

腹中に亀が生じる奇病

この章の最後に、奇病についての文章を紹介しておきましょう。

「樟柳神とは何ぞ」(『民俗学』三巻一二号、一九三一年一二月)では、新井白石の『藩翰譜《はんかんふ》』(一七〇二年)から、戦国期の武将である丹羽長秀《にわながひで》の最期を紹介しています。長秀は長年にわたって腹中の病に苦しんでおり、病に殺されるよりはと、切腹を選びました。そして腹を掻き切り、腸を引っ張り出したところ、「奇異の曲者」が出てきたというのです。かたちは石亀に似て、クチバシは鷹のように折れ曲がっており、背には長秀の突き刺した刀の跡がありました。熊楠によれば、これは体内にスッポンが生じる病気で、「鼈瘕」あるいは「積聚《しゃくじゅ》」といい、中国の医学書にはしばしば見られるのだそうです。

長秀は腹を切った状態で、みずから筆を執ってことの次第を書き残し、この奇怪な生物と刀を豊臣秀吉に献上したといい、尋常な精神力ではありません。『和漢三才図会』によれば、しかし秀吉はそれを医師の竹中［正しくは竹田］法印に与えてしまったそうです。たしかに手元に置いておきたいものではありませんね。これを明治になって見たという報告が『東洋学芸雑誌』に出ており、その正体はウミガメの仔だったそうです。このことについて、熊楠は意地の悪い解釈をしており、長秀は秀吉のもとに降るのが嫌で自死したと思われぬよう、ウミガメを入手したのだろうと述べています。

さらに熊楠は話を展開させ、あるいはその正体は寄生虫だったのかもしれないと指摘します。哺乳類に寄生する吸虫（ジストマ）の仲間は扁円形をしており、亀に似たかたちのものが少なくないというのです。そしてイングランドでは一九世紀末、アイルランドでは二〇世紀に入っても、カエルやイモリが水といっしょに人間に飲みこまれ、腹中に棲みついて悩ませた、あるいは病人がそれらを吐き出したことを報道した新聞があったとも紹介しています。長秀を苦しめた奇病の正体ははたしてなんだったのでしょうか。

第九章　幽霊や妖怪の足跡を追う

ロンドン遊学時代の大作「神跡考」

幽霊は目には見えるものの、手でふれることはできません。幽体離脱中の魂も、夢に出てくるひとたちも同様です。では、彼らは本当に存在するのでしょうか。また霊の存在を証明するには、具体的にどうすればいいのでしょうか。イギリスのSPRの調査では、大勢の目撃者がいたり、遺族しか知らないはずの情報が確認されたり、エクトプラズムといった物質的な証拠があらわれたりしたことが証拠とされました。写真に撮られたり、予言が成就したりといったケースもあります。

熊楠にしても、夢に出てきたというだけでは、死者の魂が実在するとは確信、証明できなかったでしょう。そんななかで注目されたのが、「足跡」でした。

ロンドン時代の代表作に「神跡考」(『N&Q』一九〇〇～〇四年、計五篇)という論考がありま す。神、預言者、歴史上／想像上の人物などが岩上に残した足跡を扱ったもので、冒頭部分から引用すれば、

北アメリカのパイプストーン石切場のはずれには、「偉大なる魂《グレート・スピリット》」の足跡が岩の上に残されており、まるで巨大な鳥の足跡のような形をしている(タイラー『初期人類史の研究』一八七〇年、一一八ページ)。古代メキシコの神々の祭では、テスカトリポカ神の来訪に

備えて撒いた穀物粉の上に足跡があらわれると、その神々が来訪したしるしだとされた（『エンサイクロペディア・ブリタニカ』一六巻二一一ページ）。ピエドライタによれば、コロンビアにチミザパグアという神の足跡が残る岩がある。チプチャ族の信ずる神で、諸法典をつくり、糸紡ぎと織物の始祖だという（『グラナダ征服史』アンベレス版、一六八八年、第一分冊三ページ）サウジーは、聖トマスの足跡がブラジルのバイーアの海岸に残されていると述べている（タイラー、前掲書、一一七ページ）。ペルーにもこの同じ聖人の足跡があって、スペイン人たちがやってくる以前から崇拝されていたと記録にある［……］。

と世界各地に共通する現象であることを指摘し、祖先信仰との関連や、足跡という間接的なものを通しての信仰といったアイデアが開陳されています。膨大な数の文献が引用され、無数の事例があげられた、いかにも熊楠らしい論考です。

一九〇〇年七月五日に投稿され、あまりに長いため、九月一日号、九月二二日号、一〇月二七日号の三回にわたって分載されました。熊楠は九月一日に丹波丸でロンドン港を発ちましたから、イギリスを離れるまさにその日に誌面に出たわけです。さらに帰国後も続報を投稿しており、思い入れの深いテーマだったことがわかります。

この論考でとりあげられている足跡のほとんどは、実体をもつ存在が残した例ですが、一部にそうでないものも見られます。

こうした素朴な理解にもとづいて、未開の民族は、人間や動物だけでなく精霊たちにも足跡があって、ふつうの地面ではなく多少なりとも細かい粒子でできた場所に降りたったならば、その足跡があらわれるだろうという考えに自然に導かれた。タイラーの『原始文化』(一八七一年、二巻一七九ページ以降)にはそのような例が多くあげられているが、わたしもいくつか紹介してみよう。

[……]フィジーではかつて、炉床の灰についた手や足の印によって、レプラの神サクカが家に入ったことがわかるとされていた(B・G・コーニー論文、『フォークロア』誌、一八九六年三月号二二ページ)。(『N&Q誌篇』)

というように、精霊や神の来訪が灰などで確認できると書かれています。熊楠が大英博物館やサウスケンジントン博物館(現在のヴィクトリア・アンド・アルバート博物館)で洋書を筆写しつづけて作成した「ロンドン抜書」の四〇巻(一八九九〜一九〇〇年作成)には、右のタイラーの著作を写した箇所に、「灰ニ跐《あし》印スルこと」と熊楠のメモが残されており、熊楠にとって注目すべき話題だったことがわかります。

幽霊に足はあるか

「幽霊に足なしということ」（『東洋学芸雑誌』二五巻、一九〇八年四月）は、こんな内容です。

我が国では俗に、幽霊には足がないと信じられているが、外国にも同様の例がないわけではない。リトアニアのカクシエン沼に棲む妖怪は、人間の宴会に混じるのを好み、村娘たちとともに踊るが、脚がないため、その足を踏めば靴が簡単に潰れ、妖怪だとわかるという［……］。

熊野地方にはカシャンボの話が多い。これは西日本でいう川太郎のごとくに川に棲んでおり、夜になると厩に入ってきて牛馬に悪さをするのは、ヨーロッパの妖精やエルフと同様である［……］。昨年［一九〇七年］五月、当町に近い万呂《まろ》村にこれが毎晩あらわれて、よだれを牛の全身になすりつけ、病気にして苦しめた。あまりにひどいので、村人が策を練り、ある晩、灰を牛舎のあたりに撒き、翌朝になって確認すると、水かきのある足跡がいくつか見つかった。そのため、カシャンボは水鳥のようなものであることがわかった。

（『全集』三巻）

二〇世紀に入ってもなお、カシャンボという妖怪が出ていたとは驚かされます。つづけて熊楠は「神跡考」と同様に、灰を撒いて妖怪の足跡を見出すことは、けっして新案ではなく、古代中国、フィジー、フィリピン、インド、古代メキシコ、ドイツとあちこちで行なわれてきたことを示します。『荘子』では戸の下に灰を撒いて鬼が入らないようにするといいますし、インドのホスでは葬式のあとで亡魂が家に帰ってきたのを確かめるため、同様にしました。

以上の諸例は、実体のない幽霊と、かつて地上で生活していたか、もしくは現在もしている獣や鳥が化けた妖怪、すなわち実体をもつ物の怪《もののけ》とが、細かい灰や穀物の粉などに同じように足跡を残すにちがいないとする迷信である。この理論からすれば、幽霊に足があるのは当然である。『英国不思議議研究会報』に出ている、一八八二年から七年ばかりのあいだ、ロンドンのキャプテン・モートン氏の屋敷で、約二〇人が目撃した未亡人の幽霊は、ちゃんと足があって歩いているのが見えただけではなく、やがて姿が見えなくなったあとも、足音だけはしばしば聞こえたという（マイヤーズ『人間の人格とその死後存続』一九〇三年、二巻、三八九～三九六ページ）。

一方ではまた実体をもたない精霊たちは足跡を残さず、実体をもつ怪物たちは、たとえ魔

力でもって姿をすっかり隠していても、かならず足跡を残すという説も古くから信じられてきた［……］。（『全集』三巻）

と述べ、中国の『法苑珠林』という書物から、隠形の薬、すなわち透明になる薬を使って王の後宮に忍び入った若者たちが、細かい土の上に足跡を残したせいで見つかってしまった話を引用しています。目に見えない存在があらわれた証拠として、足跡が残されたケースを収集していたのです。

日本では、幽霊には足がないと考えられていますが、それについてはひねった説明がなされています。

思うに、我が国で幽霊にけっして足がないというのも、たぶん実体をもたない精霊たちは足跡を残さないと信じられてきたことから出てきた見解なのだろう。ただし、この考えが太古から我が国にあったのか、はたまた外国から伝来したものなのかは、いま即座に決めてしまうことはできないだろう。（『全集』三巻）

一般に円山応挙（一七三三～一七九五年）の描いた幽霊画が足のない幽霊の始まりといわれま

すが、近年の研究ではそれ以前から多数の例があることがわかっています。しかし、なぜ足がないとされたのかは、諸説あるものの、現在でもはっきりしていません。とはいえ、生きている人間とひとめで区別できることが重要だったのはまちがいないでしょう。ちなみに、イギリスのある村にあらわれる幽霊の多くは頭がなく、ハイチでは臍がないことで見分けられるといいます。カンボジアでは影がないのを妖怪のしるしとします。

ここでは足跡をとりあげましたが、ようするにこれは、幽霊の存在の証拠という問題です。もちろん、目撃したというのもひとつの根拠となりますが、「見た」という証言だけでは信憑性が低く、足跡が重要な物証とされたのです。

以後も熊楠は足跡をはじめとした、幽霊などの存在の証拠に注目していきます。ただし、熊楠が本気で幽霊や魂の実在を証明しようとしていたとは思えません。実際に砂をまいて実験したという話も聞かなければ、SPRのように、客観的な証拠を探そうとしたようすもありません。少なくとも、他者を説得しようという努力は感じられないのです。論考や新聞記事でも、躍起になって事実だと主張することはありません。あくまでも自身が納得できればいいというスタンスだったのではないでしょうか。

血の足跡だらけの天井板

「幽霊の手足印」(『人類学雑誌』三〇巻九号、一九一五年九月)は、血天井をとりあげたものです。血天井とは、寺院などの天井板にひとの手形、足形が見えるというもので、京都の三十三間堂の隣にある養源院のものが有名です。

熊楠はこの論考を『甲子夜話』からの引用で始めます。平戸藩主・松浦静山《まつらせいざん》が残した江戸の奇譚集で、そのなかに天保年間に造営された京の大仏(四代目)のあった方広寺書院の天井に、血の付いた手の跡、足形があったと出ているのです。豊臣秀吉の甥で、その養子となっていた関白・秀次が、謀反の疑いで切腹させられたとき、ともに殺された家臣たちの血が染みこんだ板を、天井板にしたのだといいます。なお、これは現存しません。

熊楠はつづけて、少年時代に高野山へ登ったとき、青巌寺《せいがんじ》で同様のものを見たと記しています。青巌寺は秀次の家臣・雀部重政《ささべしげまさ》らが切腹した場所でした。さらに伊勢の威勝寺《いしょうじ》の血天井にも言及し、こちらは三好長秀《ながひで》・頼澄《よりずみ》の兄弟が、北畠材親《きちか》と争って討ち死にしたときの血が染みた板を天井板にしたといいます。

わたしは血天井が好きで、あちこち見て回っているのですが、実は血天井は京都市内だけでも一〇ヶ所近く、全国を見れば数十ヶ所あります。養源院のものは、徳川家康の家臣の鳥居元忠らが伏見城の戦いで敗れた際に自刃し、その血の染みた床板を、供養のためにあちこちの寺の天井に用いたうちのひとつとされます。

血まみれの手型が壁一面についているのはホラー映画の常套表現ですが、恐怖をあおりたてる演出であるとともに、はっきりとその存在を突きつけるものでもあるのです。

熊楠は次に、

幼少時に亡母に、摂津の尼崎のある寺の天井に、幽霊の血まみれの足跡がおびただしく付いているのを見たと聞かされた。戦争とか災難とかで死んで浮かばれないひとたちが天井の上を歩いた足跡だと聞いた、と言っていた。幽霊が天井の上を歩いたのなら、下から見えるはずがないから、幽霊の足跡にかぎっては、板を透かして下にあらわれるのだろうか。

(『全集』二巻)

と母親から聞いた話を紹介しています。布団のなかで怖がっている幼い熊楠の姿が目に浮かびます。このあと熊楠は幽霊が逆さまになって歩くテーマについて展開していき、近松門左衛門の作品などからいくつかの例を示し、最後はインド仏教で地獄の亡霊が逆立ちして歩くことまで突き止めています。そしてこうした不可思議な話が生まれた原因は、地獄に逆さ吊りの刑があるからだとか、洞窟に棲むコウモリが足を上にしてぶら下がっているからだなどと述べていますが、どこまで説得力があるかはわかりません。

第四章で紹介した「蜃気楼」にもこれに似た話が出ていましたが、現在の研究では、「さかさまの幽霊」として知られ、中世から近世にかけて広汎に確認されており、転倒した世界、すなわちふつうとは異なる世界を示していると解釈されることが多いようです（服部幸雄『さかさまの幽霊――〈視〉の江戸文化論』ちくま学芸文庫、二〇〇五年）。

さて、熊楠自身も血天井には納得いかないものを感じていたらしく、次のように述べます。

親しい知人の説では、どんな寺でも本堂の廻り縁の天井には、年月を経るとかならず大小さまざまな手足の印相がたくさんあらわれる。手足に柿渋を塗って押しつけたごとくに、指紋や掌紋の細かいところまであらわれる。この小さな田辺の町でも、四ヶ所もの寺に、そうした印のある天井板が存在するのだ、と。ところが、そのひとの娘が言うには、寺にかぎらず、この地の小学校の廊下の天井にも、近頃同様の斑紋が出てきたという。たぶん木の質によって自然とそうした斑紋があるのか、風雨の作用で樹脂が染み出してくるのか、微細な菌類が生えていくぶん足跡に似た模様がつくられるのか、なんにせよ顕微鏡を持っていって検査するのがいちばんだと思っている［……］。（『全集』二巻）

だんだん現実的な解釈となっていきます。とくに菌類をもちだすあたりは、熊楠らしいですね。さらに別の知人の押上森蔵からの書簡を引き、押上が二〇年前に建てた屋敷にも手形のようなものが出てきたが、脂性の大工の手が触ったところが黒くなり、あたかも血のように見えるのだと書かれていたと述べています。ちなみに押上は、熊楠に中国の怪異譚集『聊斎志異《りょうさいしい》』をプレゼントした人物です。

熊楠はこのように幽霊の「足跡」を探すことで、その実在の証拠を集めようとしたのでした。

カシャンボと河童

足跡ついでに、カシャンボと河童の話も紹介しておきましょう。「河童について」(『人類学雑誌』二八巻一号、一九一二年一月)は、紀南の河童についての文章です。

熊野地方では、河童をカシャンボと呼ぶ。火車坊の意味か。川に棲み、夜に厩に入って牛馬に悪さをするのは、ヨーロッパのエルフ等のごとく。その話を聞いてみると、まったくの事実無根ではないように思われる。南米には夜間に馬の血を吸い、ひどくこれを衰弱させるコウモリが二種類あると聞くが(『エンサイクロペディア・ブリタニカ』二七巻八七七ページ)、我が国にそんなものがいるはずがない。五年前の五月、紀州西牟婁郡満呂村[万呂村]で、毎夜カシャンボが牛小屋に入り[……](『全集』二巻)

と、このあとは先述のように灰を撒いて水鳥のような足跡を見出したことが語られます。灰を撒いて足跡を確認する方法は、「神跡考」で熊楠が述べたものとそっくりで、熊楠の入れ知恵があったのかと疑いたくなりますが、あるいは定番の方法だったのでしょうか。ともかく、その結果としてみずかきのある足跡が見つかり、正体が水鳥のようなものとわかったのです。ただ、カシャンボは河童の別名とするのが一般的です。水鳥では、おかしいのです。そこで熊楠は、江戸期の本草学者・佐藤成裕の『中陵漫録』に、薩摩でカワウソが馬に害をなすという一文があるのを見出し、次のように述べます。

かつてカワウソが飼われているのを見たことがあるが、すこぶる悪戯好きなものであった。厩舎に入って家畜を悩ますことがあるのを、河童の仕業だと信じられるようになったのだろう。少なくとも満呂村の一件は、カワウソのしたことで疑いないと思う。（『全集』二巻）

たしかにカワウソにはみずかきがあり、水鳥の足跡と誤認される可能性があります。またカワウソは古くから河童の正体ではないかと考えられてきました。かつて和歌山はカワウソの多い地域で、和歌山市の友ヶ島には本州最後の個体群がおり、一九五四年まで生存の記録があり

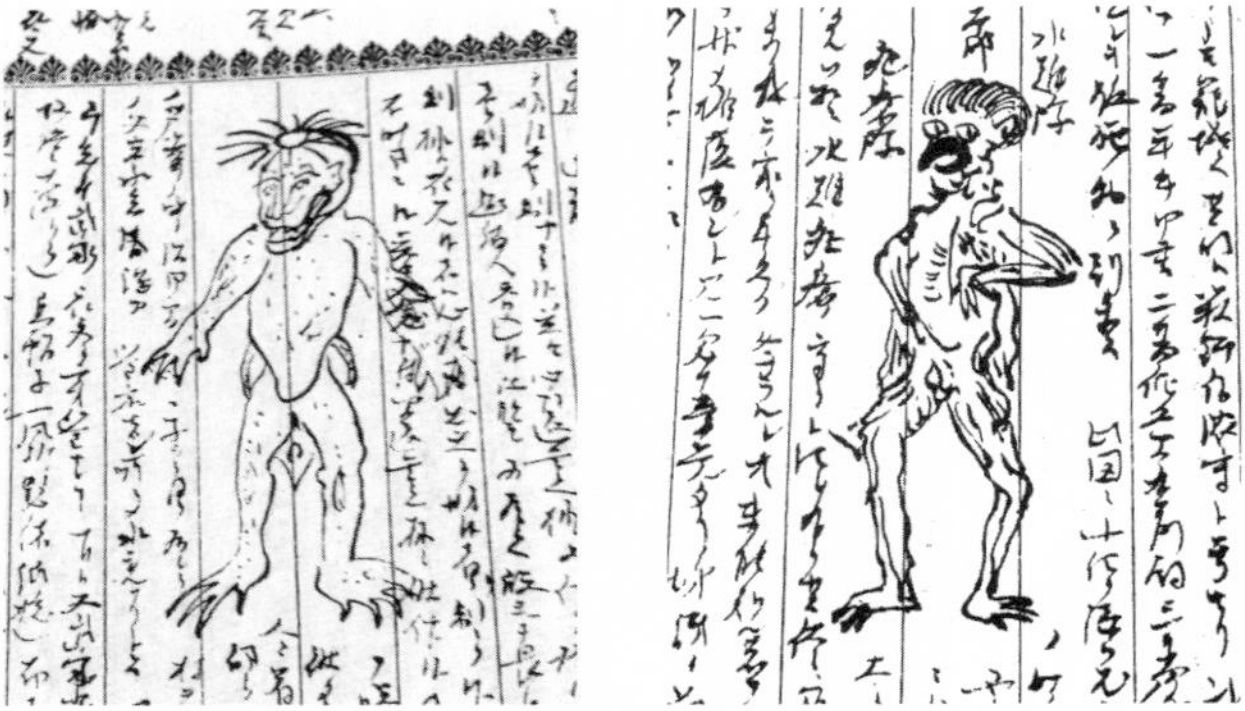

熊楠が模写した河童(「田辺抜書」34冊、松浦静山『甲子夜話』より)
南方熊楠顕彰館(田辺市)所蔵

ます。それ以前には古座川流域や北山村、太間川などにもいたことがわかっており、熊楠のころには、まだまだ棲息していたのでしょう。

熊楠は柳田国男宛の書簡(一九一一年一〇月八日付)では、カシャンボを火車(火車坊)とする説を開陳し、一昨年、田辺に近い南牟婁《みなみむろ》郡で、死んだ女性の屍体が、寺で棺桶から出てきたことがあり、あたかも生きているような表情をしていたため、葬式に集まったひとたちが驚いて逃げだしたと述べています。しかも、ニュースソースは「大阪毎日新聞」に出た記事だといいます(『柳田往復』、上)。当時の新聞には、まだまだこんな不思議な話が出ていたのです。カシャンボについての熊楠のこの考察は、柳田の『山島民譚集』(一九一四年)に転載されたことで有名になりました。

熊楠は、自分の生まれ育った和歌山市のあたりでは、河童の正体がさらにまた別のものと考えられているとも述べています。

四〇年ばかり前までは、和歌山市では河童をドンガスといい、河童と言うとわからないひとが多かった。亡母によれば、大阪から下ってきたひとはこれを河太郎、江戸から移ってきた士族はカッパと呼ぶ、と。ドンガスは泥亀を訛ったものか。(『全集』二巻)

泥亀とはスッポンのことで、熊野と和歌山市では同じ県内にもかかわらず、河童の呼び名も、その正体とされるものもまったくちがうのです。河童が地方によって名称や姿が異なるのは、よく知られているでしょう。たとえば長野では河太郎、広島では猿猴、アイヌではミントゥチと呼ばれ、姿も蛙のようなものから、亀に似たタイプ、全身が毛に覆われたものといろいろあります。これらが明治以降に「河童」としてまとめられていったのです。熊野のカシャンボと和歌山のドンガスも、もともとはまったくの別種だったものが、この時期に融合しつつあったのかもしれません。

熊楠は柳田宛の書簡(一九一一年九月二二日付)では、こんな話もしています。

この田辺町から二里ほど離れた朝来《あっそ》村大字野田から来ているお手伝いさんが言うには、そのあたりではコウホネをゴウライノハナと呼ぶ。この花があるあたりには川太郎がいる。川太郎をゴウライという、と。またナスの臍をとらずに食べると、川太郎に尻を抜かれる、ともいう。（『柳田国男・南方熊楠往復書簡集』上巻）

また別の呼び名が出ています。ちなみにコウホネはスイレンの仲間の植物で、水辺の浅いところに生育し、夏に黄色い花を咲かせます。これが河童のいる目印だというのです。ナスの臍とは花が付いていたへこみをさすそうですが、なんとなく雷様の伝承と混ざっているような気もします。

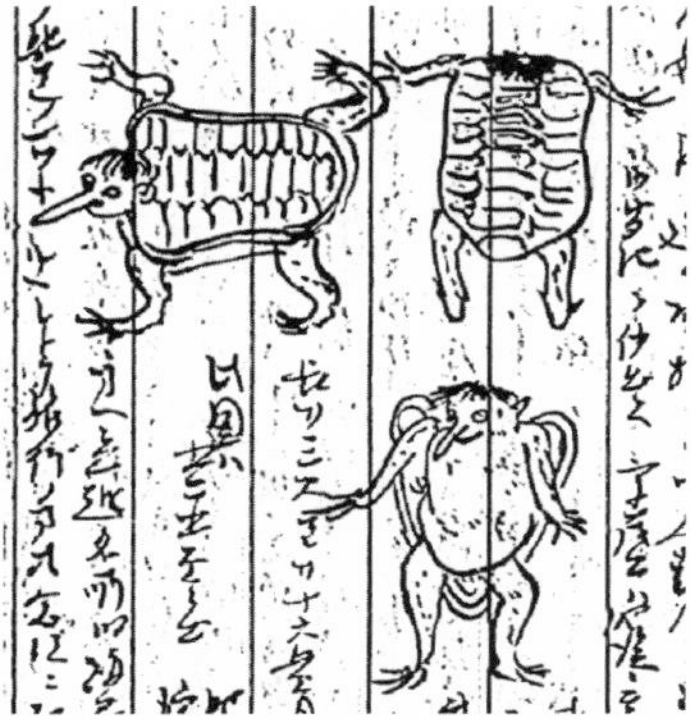

熊楠が模写した亀タイプの河童（「田辺抜書」34冊、松浦静山『甲子夜話』より）
南方熊楠顕彰館（田辺市）所蔵

つづけて、さらにまた別の側面が語られます。

高田村（東牟婁郡。那智からはるかに山越えしたところにある。まことにひとの少ないもの寂しい場所である）に高田権《ごん》の頭《かみ》、檜杖《ひづえ》の冠者などという旧家がある。どの家かは知らないが、年に一度、たくさんの河童が川をさかのぼってくる。そのことを知らせるために、この家に石を投げこむとのことだ。熊野では、夏は川にいて河太郎、冬は山に入ってカシャンボとなるという。カシャンボはコダマのことをいうとある。（『柳田国男・南方熊楠往復書簡集』上巻）

河童が季節によって棲みかを変え、呼び名も行動も変化するというのは、妖怪に親しんだひとなら聞いたことがあるでしょう。しかし、コダマになる例は珍しいように思います。山に向かって叫んだときに返ってくる、あの「コダマ」だというのですが、そうすると熊野では夏に山中で「ヤッホー」と叫んでも、コダマは返ってこないということなのでしょうか。

熊楠が田辺で広畠岩吉という知人から聞いた話も紹介されます。

当郡富田《とんだ》村のツヅラ（防已）という大字の伊勢谷にカシャンボがいる（河童のことをいう）。岩吉氏の亡父が馬に荷を負わせようとしたところ、片側に荷を付けると、もう片方が落ちてしまう。それが何度か続き、どうしようもなかった。あるとき、馬を繫いでおいて木を伐りに行き、帰ってきたら馬が見あたらない。あちこち訪ね回ると、腹覆いが木にかかっていたり、馬草履が脱ぎ捨てられていたりした。いろいろ捜したところ、馬がゼイゼイいいながら疲れて倒れていた。そのため村の大日堂に行って、護摩のお札をもらって腹覆いに結びつけたら、それからは何事も起こらなくなった。これはひとの目には見えず、馬にはよく見える。馬に取り憑いて厩まで来ると、馬は震えて苦しむ、と。（『柳田国男・南方熊楠往復書簡集』上巻）

カシャンボは目に見えないというのです。しかし、矛盾するようですが、このあと田辺近辺でのカシャンボの目撃談が並べられ、子どもの姿で木に登っていて、道行くひとに「危ないっ」と思わせたとか、青色の鮮やかな服を着た美童だったとか、誰もいない奥山で仕事をしていたら、いつの間にかそばに子どもがいたなどとあります。

結局のところ、熊野のカシャンボはひとつのイメージにはまとめきれないようです。おそらく異様な現象や存在をひとまとめにした呼称なのでしょう。だからこそ、水鳥のようであったり、カワウソだと主張されたり、目に見えなかったり、子どもの姿をしていたりするのです。そのなかには、現在の河童のイメージに適合するものもあり、大きくはずれるものもあったということになります。

熊楠と和歌山の妖怪については、顕彰館で二〇一六年に「熊楠と熊野の妖怪」展が開かれ、前述の『怪人熊楠、妖怪を語る』にまとめられています。

第一〇章　水木しげる『猫楠』と、熊楠の猫

水木しげるの熊楠愛

熊楠のイベントや講演会をしていると、来場者から「熊楠を知ったきっかけ」についてうかがう機会がよくあります。そのなかでもっとも多いのが、水木しげる『猫楠』です。もともと水木ファンで『猫楠』を読んで熊楠を知ったという方もいますし、猫好きだから手にとって熊楠にはまったというひともいます。漫画ということもあり、手頃な入口となっているのはまちがいありません。ちなみに、二番目に多いのは「週刊少年ジャンプ」に連載されていた岸大武《だいむ》郎《ろう》の『てんぎゃん—南方熊楠伝』（一九九〇〜九一年連載）です。わたしの場合は、一九八九年にＮＫＫで放送された「市民大学」の「博物学の世紀」で荒俣宏がとりあげていたのが最初でした。

『猫楠　南方熊楠の生涯』（水木しげる著、角川文庫）

©水木プロ

水木しげるの『猫楠』は、一九九一年に講談社が創刊した『ミスターマガジン』の創刊号から、翌年一月八日号にかけて連載されたものです。直後に上下巻の単行本にまとめられたのち、一九九六年には角川文庫となりました。ちなみに、南方熊楠記念館は、『猫楠』を毎年もっともたくさん売っている「書店」だと聞いたことがあります。
熊楠ブームは、その生前から何度か起きましたが、最大のもりあがりをみせたのが、生誕一二〇年にあたる一九八七年から没後五〇年の一九九一年にかけてでした。神坂次郎の『縛られた巨人　南方熊楠の生涯』（一九八七年→一九九一年に新潮文庫）、津本陽《よう》『巨人伝』（一九八九年→一九九二年に文春文庫）といった評伝が書かれ、本格的な実証研究の幕開けとなった松居竜五『南方熊楠　一切智の夢』（朝日選書、一九九一年）の出版があり、テレビや雑誌での特集も相次ぎました。『超人　南方熊楠』展が東京・大阪を巡回したのも、一九九一年でした。この展覧会の図録には水木も「熊楠の霊感」という文章を寄せており、「熊楠は、特殊な〝霊能力〟みたいなものをもっていた人ではないか、とぼくは思っている」と述べ、幼少時の熊楠に霊が入りこんだのではないかとか、霊に好かれていたのだろうとか、とても楽しそうに語っています。そして『猫楠』も、まさにこの熊楠ブームのときに描かれた漫画でした。

水木は早くから熊楠に関心を寄せ、一九七三年に「怪傑くまくす」（「週刊漫画サンデー」→『奇人変人伝』一九七七年に収録）を発表していました。そして没後五〇年を機に、熊楠を主人公とした漫画を構想することになるのです。一九九〇年一一月一一日から三日間、取材で田辺を訪れ、旧邸、神島、熊野古道といったゆかりの場所を回り、これらは漫画の随所に登場します。

「ミスターマガジン」はサラリーマン層を狙った雑誌で、一九九一年四月二四日に創刊号（一九九一年五月八日号）が出て、以後は毎月第二・第四水曜日に発売されました。創刊号の巻頭作品は、弘兼憲史の『加治隆介の議』です。さすがに水木といえど、熊楠という（いささかマニアックな）テーマでは、巻頭はとれなかったのでしょうか。そのほか、『猫楠』と連載期間は重なっていませんが、水島新司『野球狂の詩——平成編』、野中英次『課長バカ一代』などが連載された雑誌です。

『猫楠』は、熊楠の少年時代から死までを描いた伝記風の作品です。子どものころに『和漢三才図会』をすべて記憶したこと、大英博物館での研究の日々、帰国後の熊野山中での神秘体験、神社合祀反対運動で暴れたこと、新種の変形菌の発見、昭和天皇へのご進講など、主要なエピソードが漏れなく語られています。そのなかで語り手となるのが、猫楠なのです。よく誤解しているひとがいるのですが、『猫楠』はシャーロック・ホームズを犬に置き換えて描いた某アニメなどとは違い、熊楠が猫になっているわけではありません。猫楠という名前の猫が、熊楠の友人となって生涯をともにする話なのです。

熊楠と猫楠は固い友情で結ばれ、いっしょに旅をし、つねに身近に寄り添っています。水木の独特のタッチで描かれた熊楠はけっして格好よくはありませんが、「フハッ!!」とか、「キャッ」とか、鼻の穴から息を吹き出すといったお馴染みの表現がなされ、生気に満ち満ちています。

この作品は、単純に熊楠の生涯を追うだけではなく、やはり猫を登場させた点がミソだったと思います。猫楠の目を通して眺めることで、熊楠という人物の個性が浮かび上がり、同時に熊楠の孤独や、世間の彼への無理解が伝わってくるのです。熊楠への深い愛と理解に満ちた一冊といえるでしょう。ただし、あまりに熊楠の神秘性を高めてしまった側面もあり、わたしがある大学の授業で熊楠に言及したところ、学生から「熊楠って猫と話せたんですよね」と質問されて絶句したことがありました。あの学生は『猫楠』を読んでいたのにちがいありません。

このほかにも水木には、一九九一年に執筆されたものの発表されなかった「怪少年 くまぐす 生まれる」（のちに『水木しげる漫画大全集80 猫楠他』講談社、二〇一四年に収録）、一九九五年に『漫画サンデー』に掲載された「てんぎゃん――南方熊楠の少年時代」（同前）があり、一九九九年の『神秘家列伝』の「宮武外骨《みやたけがいこつ》」の回にも熊楠を登場させています。

水木しげる、熊楠のコスプレをする

『猫楠』の連載開始後、水木はふたたび田辺へ取材に訪れます。熊楠は結婚前に花街の田辺新地で飲んでは騒ぐ日々を送っており、その芸者遊びのシーンを描くため、「日高川」という安《あん》珍清姫《ちんきよひめ》をモチーフにしたお座敷芸を再現することになったのです。

その準備を進めているときに、水木のもとに紫綬褒章授章の知らせが届いたのでした。喜んだ水木は、熊楠が一九二九年に昭和天皇に生物学を講義した「ご進講」の際のフロックコート

水木しげるの熊楠コスプレ写真
長瀬稚春撮影

ご進講後、妻・松枝との記念写真
南方熊楠顕彰館（田辺市）所蔵

にシルクハット姿のコスプレをして、記念写真を撮りました。ここに熊楠と水木の写真を並べますので、見比べてみてください。水木の隣の妻・松枝役には、芸者が扮しました。「紀伊民報」の長瀬稚春《ちはる》が撮影し、のち『猫楠』下巻に掲載されたものです。

水木は授章式にも、このコスプレ姿で出席しました。はたして出席者の何人が、元ネタに気付いたかはわかりませんが……。「水木しげるの人生絵巻」（『大（Oh！）水木しげる展』図録、朝日新聞社、二〇〇四年）には、この写真をスケッチに直したものが入っており、さらに『ぼくは妖怪博士』（小学館、二〇〇八年。一九八九年に『妖怪博士入門』として出たものの改題）の表紙にも使われています。なお、水木の左隣には松枝に扮した布枝夫人（写真の芸者からさしかえられました）、右隣には熊楠とその懐に収まった猫楠が描かれています。

田辺新地は、かつては非常に栄えましたが、水木の取材したころには、すでに芸者たちもかなり高齢化していたといいます。現在では料亭はすべて閉店し、芸者たちも引退してしまいました。それでも、いくらか雰囲気は残っていますので、田辺を訪れたらぜひ散策してみてください。

水木は田辺を気に入り、一九九九年八月二九日には、ジャパンエキスポ「南紀熊野体験博」のイベントのひとつとして、第三回世界妖怪会議を田辺市の紀南文化会館で企画することになります。水木のほか、荒俣宏や京極夏彦らが出席して、「南方熊楠と熊野の妖怪」というシンポジウムが開かれました。ちなみに世界妖怪会議は一九九六年に水木のふるさとである鳥取県境港市で開かれたのが始まりで、第二回も境港で開催され、この第三回で初めて県外に出たのでした。紀南の妖怪である一本だたらが妖怪ファンに有名になったのも、これがきっかけといわれます。一本だたらとは、大きな目をもつ一本足の妖怪で、奥熊野の果無《はてなし》山脈に一二月二〇日に出没し、雪の積もった上に片足だけの足跡がどこまでもつづいているのが見つかるそうです。前章でとりあげたカシャンボの別名とされることもあります。

それにしても、水木はなぜ熊楠に惹かれ、くりかえし題材としたのでしょうか。わたしは、おそらく水木には熊楠が妖怪の一種に見えていたのだろうと想像しています。水木自身にも妖怪を自身と重ねあわせているようなところがあり、貴重な同類として熊楠を見ていたのではないかと思うのです。人間の領域から、少しだけ別の世界へ踏みだしてしまったのが、熊楠と水木の共通点でした。

水木作品以外にも、熊楠を主人公とした漫画がいくつかあります。さきにふれた岸大武郎の『てんぎゃん』は、和歌山で天狗をさす「てんぎゃん」という言葉からタイトルをとっており、これは熊楠の少年時代のあだ名でした。熊楠の伝記漫画ですが、早くに打ち切りとなってしまったこともあり、前半生しか描かれていないのが残念です。以前、担当編集者に話を聞いたときに、「ロンドン篇が実現していたら、シュレーゲルのようなライバルキャラ（？）に事欠かないので、もりあがったのではないか」と嘆いていたのが印象的でした。「週刊少年ジャンプ」のキーワードにしたがって熊楠が「友情・努力・勝利」する姿も見てみたかったような……。ほかにも、長谷《ながたに》邦《くに》夫《お》『南方熊楠　永遠なるエコロジー曼荼羅の光芒』（一九九二年）、山村基《もと》毅《き》・内田春《しゅん》菊《ぎく》『クマグスのミナカテラ』（もともと一九八九年に『クマ

『てんぎゃん』（岸大武郎、集英社）

グス』として出版）があるほか、第四章でふれた古山寛・ほんまりうの『漱石事件簿』（一九八九年）にも登場しており、その強烈な個性と生きざまは、たしかに漫画にふさわしいキャラクターなのでしょう。

ほかにも、熊楠を主人公としたフィクションは無数に存在します。なぜか熊楠を探偵役に据えた物語が多く、なかでも東郷隆《りゅう》『名探偵クマグスの冒険』（二〇〇八年）はロンドン時代の熊楠が大活躍する、印象深い一冊です。辻真先『超人探偵　南方熊楠』（一九九六年）、鳥飼否宇《ひう》『異界』（二〇〇七年）、また探偵役ではないものの、江戸川乱歩『緑衣の鬼』（一九三六年）にも熊楠がモデルのキャラクターが登場します。最近では、SF作家の柴田勝家による『ヒト夜の永い夢』（二〇一九年）が強烈でした。熊楠が粘菌を利用した「天皇機関」をつくるという奇々怪々な物語で、歴史学・民俗学の蘊蓄《うんちく》が詰めこまれ、妖しくも美しいディテール描写が常人離れした怪作です。

熊楠による猫の絵

それにしても、『猫楠』のアイデアはどこから生まれたのでしょうか。ひとつには、熊楠も水木も「猫派」だったためだと思います。水木は非常な猫好きで、『猫楠』以外にも猫を描いた作品が多く、『水木サンの猫』（講談社、二〇〇八年）としてまとめられています。「ねこ忍」

「猫仙人」「猫娘とねずみ男」「ベルサイユの化け猫」などを収めたもので、不細工で生意気な猫たちがとてもいい感じです。

　熊楠が残した猫の絵にも、どこか共通するものを感じます。熊楠は生涯を猫とともに暮らし、論考のテーマにしばしばとりあげ、無数の絵に描きました。猫たちは思わぬところに潜んでいます。日記の片隅に描かれていたり、反古の裏に悪戯書きされていたり、難解な概念を説明するのに猫の図が使われていたり。熊楠の描く猫は、でっぷりと太っていて、図々しく、油断しきっており、ご満悦な表情がたまりません。熊楠がどれほどかわいがり、甘やかしていたかが伝わってきます。現在、およそ一〇〇点が確認されており、二〇一五年二月七日～三月八日に顕彰館で「熊楠と猫」展が開かれたのち、『熊楠と猫』（共和国、二〇一八年）という本にもまとめられています。

熊楠の描いた猫。こたつでぐっすりと幸せそうに眠っている。
南方熊楠顕彰館（田辺市）所蔵

　『猫楠』にも描かれているとおり、熊楠はロンドン時代から猫を飼っていました。たとえば一八九四年一一月六日の日記では、「家の猫がいなくなった。今日で四日帰ってこない」と愛猫が家出してしまったことを嘆いています。翌年、あきらめて次の猫（牝）を飼い始めたところ、「家の猫。新たに今年もらったもの。無宿の黒い牡猫を連れてきて、毎日おのれの飯を分けてやっている」（六月一八日）と、勝手に仲間（彼氏？）を連れてきてしまいました。熊楠が振り回されてオロオロする姿が目に浮かびます。猫が勝手気ままなのは、国や時代が違っても変わらないのです。熊楠はロンドンの町なかにいる猫にも興味津々で、一八九八年六月九日の日記には「この日、猫を三匹見かける。一匹はウォラムグリーン停車場近所の酒屋のもの［……］、二匹目は［大英］博物館にて。これは往来のひとを観るのを楽しんでいた。三匹目はてんぷら屋の猫。はなはだ大きく、つねに店頭に座っている」とあります。猫を探してきょろきょろしながら歩いていたのでしょう。

ただし、熊楠はすべての猫につねに愛情を注いでいたわけではありません。一九一八年九月二六日の日記には、「昨夜、魚の骨に毒を入れておいた。今朝になって見ると、猫が来て、たくさん食べてあった」とあり、庭で飼っている鶏の雛を狙う野良猫に、毒入りの餌を仕掛けたようです（広川英一郎の教示による）。自分の家の猫に対しても、いらつくと頭を蹴飛ばしたり、気に入らなくなるとよそへやってしまったりということがありました。猫好きのわたしからすると信じられないような行動ですが、これは熊楠が残虐であったというよりは、この時代の一般的な動物の扱い方だったのだと思います。ちなみに、よそへやってしまった猫については、しばらくたった一九一九年一二月一一日の日記に、「猫をやった八百屋へ行って猫を見たら、大きくなっていた。［八百屋の］主人の膝に座っていて、わたしのことなどいっこうに知らぬていであった」とあります。いかにも猫らしいですが、熊楠の複雑な表情も目に浮かびます。

妹が生まれ変わった猫

猫に関して、熊楠が生まれ変わりを述べた一文があります。岩田準一宛に、一九三三年一月二八日付でハガキ二枚にわたり、アメリカ時代の思い出を次のように語っているのです。

二二～二三歳のころ、アメリカのミシガン州アナーバーという小さな町の郊外三～四マイルの深い森のなかで採集をしていたところ、ひどい吹雪となり、走って帰るうち、生まれて一ヶ月にもならない仔猫が道に迷っており、雪のなかをついて走ってきました。ちょうど国元の妹の訃報を数日前に受けとったばかりで、仏教の輪廻転生のことなど思い、もし妹がこの猫に生まれ変わっていたとしたら、見捨てるのは忍びないと、上着のポケットに入れて走りましたが、何度も出てしまって［自分で］走ろうとするのです。小さいのでついてくることができず、哀しげな鳴き声をあげるのです。歩みを止めて、拾い上げてやります。何度も何度もポケットに入れたのですが、やがてまた落ちて出てしまうのでした。

漢の高祖が敗走したとき、子の恵帝と魯元公主が足手まといになるとして、何度も何度も車から突き落としたことを思い出し、ついにその仔猫をつかんで、ある牧場の柵のなかに数フィート投げ入れ、思いきってあきらめて懸命に走り、吹雪で遭難するのを免れました。その猫はやがて雪に埋まって死んでしまっただろうと、いまでも後悔しきりです。（『全集』八巻）

ここに書かれている「妹」とは、藤枝のことです。熊楠の五歳下の妹で、一八八七年九月に一五歳で亡くなりました。漢の高祖（劉邦）のエピソードというのは、項羽に敗れて馬車で逃げる際、追いつかれそうになったので、同乗していた子どもたちを突き落として少しでも軽くし、馬の足を速めようとしたもので、それに自分の行為を重ねたのです。吹雪のなかにあらわれた仔猫は、可愛らしいものの、なんだか熊楠を遭難させようとしたふうにも見え、まるで雪女のような存在です。そこに妹の影を見出し、しかも、見捨ててしまったとは意味深げです。

一八八九年四月一一日の日記には、「明け方、夢に母および故藤枝と延命院に参詣する夢を見た」という記述があります。延命院は和歌山市鷹匠町にある真言宗の寺院で、南方家の菩提寺でした。藤枝もまた熊楠の夢の登場人物のひとりとなったのです。

こうした魂の生まれ替わりは、熊楠自身が述べているように、輪廻転生の考え方をベースにしていると考えられます。輪廻転生とは、万物に魂が宿ると信じるアニミズム的な世界観で、しかも、その魂がさまざまな生物・存在のあいだを循環しているとする点が特徴的です。ただし、熊楠が輪廻転生や生まれかわりについて書いた文章はほとんどありません。これ以外では、土宜法龍への書簡でほんの少しふれているくらいでしょうか。生まれ変わりについても関心は高くなく、「桃花魚《うぐい》」(『本草』一七号、一九三三年一二月)で、中国の女性詩人が生まれかわってまた同じ詩をつくったというエピソードを扱っている程度です。

動物の魂を探る

ところで、動物には魂があるのでしょうか。わたしの家にも猫や犬がいましたが、彼らとともに暮らし、日々、観察していると、ないとは言い切れないような気がしてきます。言葉を発することのない小さな生きものといっしょに生活することは、無限の想像力と、相手を思いやる気持ちを育むのです。熊楠の絵の猫たちが、火鉢にあたってのうのうとしていたり、熊楠の布団で安心して眠っていたりする姿からは、描き手の深い愛情とともに、両者に深いつながりがあることが伝わってきます。

熊楠が、飼っている猫に代々同じ名前を付けたエピソードは広く知られていると思います。これは厳密には正しくありませんが、「チョボ」「チョコ」「チョボ六」といった名前の猫が多かったのは事実です。ところで猫は九つの命をもつといわれ、たとえば『ロミオとジュリエット』にも言及があります。この俗信の起源は不明ですが、高いところから飛び降りても平気なところから来ているともいいます。熊楠も猫を落とすすと見事に着地するようすを実験し、コマ撮り写真のようなスケッチを残しています。佐野洋子の『１００万回生きたねこ』（一九七七年）という童話も有名ですね。最後に愛するものを失った猫が、ついに死を迎えるシーンを思いだすと、涙が止まらなくなります。

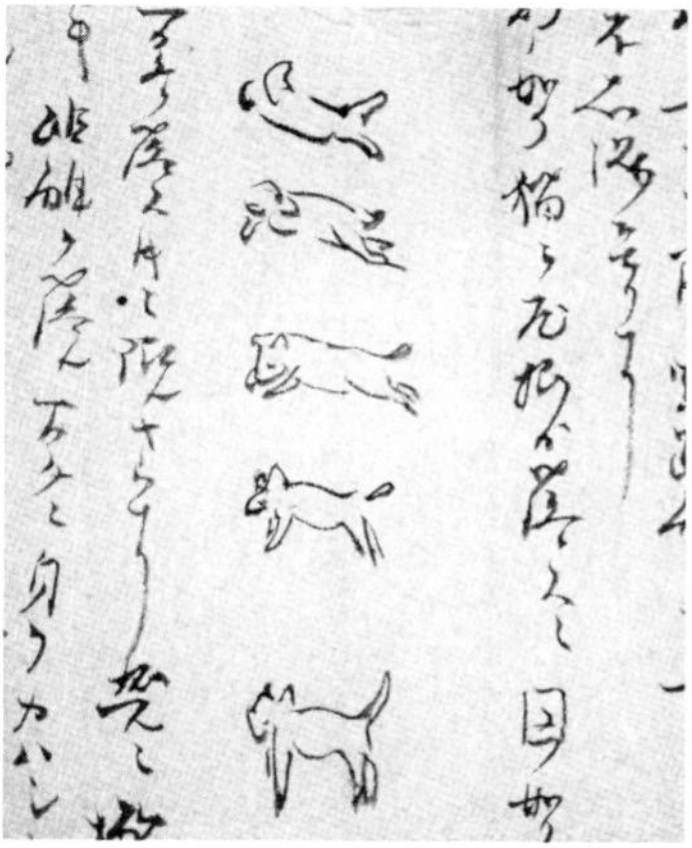

猫を落下させても、かならず足から着地できるようすを観察し、スケッチに残している。南方熊楠顕彰館（田辺市）所蔵

もしかしたら熊楠も、猫の生まれかわりを信じていたのかもしれません。愛猫が死んだあとで、よく似た毛色の仔猫がやってきたら、「チョボ六が生まれかわって帰ってきたのだ」というわけで、そのため猫に同じ名を付けつづけたのかもしれません。

また、猫ではありませんが、犬の魂にまつわる不思議な話も伝わっています。南方家の飼犬が行方不明になり、一家総出で捜し回っているとき、熊楠が「いまポチの魂が通り抜けていった」と言い、その直後に町外れで死んでいるのが見つかったというのです。熊楠と犬も見えない絆でつながっていたのでしょうか。

猫又の正体を探る

西洋でも日本でも、猫は霊的な力をもつ魔性の生きものと信じられてきました。

一九三一年八月の『民俗学』（三巻八号）に出した短文に、猫又を紹介したものがあります。前号で久長興仁《ひさながこうじん》というひとが、『徒然草』に出てくる猫又とはどんなものかと質問したのに熊楠が応えた回答です。久長は『忘れな草：抒情詩集』（一九三一年）を残したことで知られ、台湾総督府の少年刑務所で教誨師《きょうかいし》を務めるなどした人物でした。

『徒然草』（八九段）の猫又は、猫又という凶暴な獣がいると聞いた法師が、夜中に得体のしれない動物にまとわりつかれ、猫又に襲われたと思ってドブ川に落ちて助けを求めたところ、実は飼い犬がご主人の帰りが嬉しくて飛びついてきただけだったというものです。笑い話として有名ですが、いっぽうでは当時、猫又という化けものの存在が信じられていた証左でもあります。しかし、『徒然草』には詳しい説明が出ておらず、久長が説明を求めたのでしょう。

熊楠は、藤原定家の『明月記』から一二三三年の記録として、奈良で猫又という獣が出て、一晩で七、八人を食い殺した、その獣は目は猫のようで姿は犬のようであったと紹介したうえで、飼い猫が歳をとって尾が二股になったものだという記録があると述べます。さらに『本朝食鑑』には化けるのは雄猫だと書かれているとか、『百錬抄』には、一一五〇年に現在の滋賀と岐阜の国境の山のなかに奇妙な獣があらわれ、夜になると村に入ってきて子どもを襲って食べ、猫狗と呼ばれたとあるなどと引いています。そして時代の前後関係から、もともと猫狗と呼ばれていたものが猫又になったのではないかと推測しました。

未発表のままに終わったのですが、この論考に熊楠は大幅な増補・追加の原稿を用意していました。

> 猫又。『和名類聚抄』獣名一〇二に、「『文選』の注には猱㹶《どうてい》」と出ており、「『漢語抄』には麻多《また》」と和名を出している。狩谷棭斎《かりやえきさい》の注釈では、「この名はいまでは伝わっていない。あるいはいま俗に禰古麻多《ねこまた》と呼ぶものは、これなのかもしれない」。谷川士清氏がいうには、土佐の白髪山には猫が多い。猟師はこれを怖がって山に入らない。これがまさに麻多であろう」。（『全集』六巻）

ところが、このあと熊楠は猱㹶とは猿の一種であると主張するのです。中国の諸書を引き、猱がテナガザルの仲間をさすことをあきらかにし、「テナガザルに似て毛は長く、黄赤色をしており［……］身が軽く敏捷で木に登るのが上手である。尾をとても大事にしている。毒矢で射られて、その毒にやられると、すぐに自分の尾を噛む」といった説明をしています。

しかし、この猿が日本にはいないことから『和漢三才図会』や『大和本草』などできちんと理解されず、「その猛獣の目が猫のようになるから、これを猫マタと名付け、『和名抄』でも深く穿鑿せずにマタに股の字をあてた。それを当て字と知らずに、牽強して、猫が年老いて尾が裂け、化けるから猫股だなどと言い出したのであろう」と結論づけています。

ようするに、中国にはいるものの日本には存在しない猿の一種が、翻訳の過程で誤解されて猫の化けものに変わってしまったというのです。ここまで踏みこんだ考証をしているのは、やはり熊楠ならではでしょう。しかし、猿の化けものといわれると、すっかり印象が変わってしまいますね。

黒猫で病気を治す

「黒猫で癪《しゃく》を直す」（『郷土研究』一巻八号、一九一三年一〇月）という、『全集』でわずか四行の文章があります。

黒猫は癪や憂鬱症を癒やすと本邦ではいうが、ドイツ生まれのユダヤ人から、憂鬱症に黒猫はもっとも有害だと聞いたことがある。しかし、このことだけで西洋で一般に猫は病人に有害だというわけにはいかない。その証拠として、一八九五年六月の『フォークロア』でグルーム博士が紹介したイギリスのサフォークの民間医療に、ぜんそくを病んでいるものが猫を飼って愛玩すると、ぜんそくは猫に伝染って猫は死ぬが、病人は完治するとある。

(『全集』二巻)

一行目にある癪とは、突発的な腹痛のことです。時代劇などで「持病の癪が……」というセリフを聞いたことがあるでしょうが、それに黒猫が効くというのです。猫を飼うといいのか、あるいは猫の黒焼きでもつくって飲めということなのかは判断しづらいですが、本当にこんなことが信じられていたのでしょうか。いっぽうで熊楠が知り合いのユダヤ人から聞いたのは、憂鬱症にもっとも有害なのは黒猫だということでした。猫を飼うと、かわいさのあまり治ってしまうのか、その勝手さに気をもんでしまうのか。どちらが正しいのかわかりません。それから雑誌『フォークロア』に出た論考は、猫派のひとが聞いたら激怒しそうな内容ですね。わたしも猫好きなので、たとえぜんそくになったとしても、この療法は絶対に採用しないようにしたいと思います。

また、「猫を殺すと告げて盗品を取り戻すこと」という『人類学雑誌』(三〇巻三号、一九一五年三月）に出た短文があります。

朝鮮でこのことが行なわれているとは初耳だが、トランスコーカシアのオッセテ人もそうする。窃盗に遭うと、術者に贈りものをして、いっしょに心あたりの家に行く。術者は一匹の猫を抱えて「汝、このひとのものを盗んで返さないのならば、汝の祖先の魂がこの猫に苦しめられるぞ」と呪う。するとその家のひとが本当に盗みをしていたならば、盗品をかならず返す。盗人が誰か心当たりがなければ、家ごとにこのように行なって回ると、とても逃げられないと盗人がみずから罪を告白する。オッセテ人は、猫、犬、ロバを奇怪な動物とし、他人に苦しめられて不平を訴えようとするときには、相手の祖先の墓の上で猫か犬かロバを一匹殺し、その祖先の誰それのために殺したのだと大声で言う。そのまま相手がなにも対応しなければ、名指しされた祖先の魂が、殺されたのと同じ種類の動物になる。これは子孫にとっては大不祥事なので、このようにして祖先を呪われたものは急いでやってきて損害を償い、仲直りを求めるという［……］。（『全集』二巻）

これは中島なる人物の「朝鮮旧慣調査」という投稿に応えたものです。猫好きにとっては許しがたい内容ですが、複数の場所に同じ方法があったとは驚かされます。やはりそれだけ猫には特別な力があると信じられていたのでしょう。

本章の最後に、「猫のフォークロア」（『N&Q』一九一六年三月二五日号）の結びを紹介しておきましょう。


おわりに、当地では、目方が一貫（＝八・二八一ポンド［約三・七五キロ］）に達した老猫にご馳走をやる風習があることを申し添えて、この回答を閉じよう。あるひとびとは、長寿の猫は魔力を身につけ、いろいろな悪さをするという迷信を、いまもって抱いている。ゆえに、猫をもらってきたときは、「おまえのことはいついつまで飼う」と猫に言いきかせておく習慣がある。約束の年限が近づくと、猫は自分から姿を消すと言われている。

（『N&Q誌篇』）


田辺では、猫を飼うのにこんな風習があったというのです。ただ残念ながら、わたしが田辺で猫を飼っているひとたちに尋ねてみたところ、いまではもう行なわれていないそうです。

熊楠自身がやっていたのかも不明で、チョボ六たちの行方もよくわかっていません。

おわりに

ここまで読んできて、熊楠の体験や考え方を、いかにも異様だと感じたかもしれません。さすが熊楠は常人とは違うと思った読者もいるでしょう。しかし、かならずしも熊楠が特異で孤立した思考ばかりではなかったことに気づいた方も少なくないと思います。

ここで全体の流れを整理しておきましょう。熊楠は若いころから不思議な夢を見ることがしばしばあり、それを日記に書き留めていました。死や病について記録することにも熱心でした。同時に脳機能的・精神的な問題から、いつ自分が正気を失うかという不安に怯えており、これらが魂への関心を発生させます。さらには父親の期待に応えることができず、親不孝者の息子となってしまったことを後悔していました。

そんななかで遊学したアメリカ・イギリスでは、神秘主義やスピリチュアリズム、心霊科学が大流行していました。熊楠はブラヴァツキー夫人や心霊現象研究協会に興味をもちますが、全体としてはオカルチズムに否定的な態度をとります。ところが、帰国後に幽体離脱や「夢のお告げ」を体験し、また精神状態が悪化したこともあり、人間の精神や魂の問題に関心を高めていくことになったのです。

こうした不安や悩みに対して、熊楠はいくつかのアプローチで解決を試みます。まず手にとったブラヴァツキー夫人の著書はオカルトの域を出ておらず、すぐに放棄します。つづいて接近したマイヤーズらの心霊科学にはのめりこみ、これが夢をはじめとする神秘体験を昂進させていくこととなりました。この段階に至り、おそらく熊楠は、魂が実在し、死後も存続する可能性について、とくに夢という側面から研究する決意を固めたのでしょう。

具体的に熊楠がとった方法は、文献の渉猟でした。古今東西の古典籍、フォークロア集、民族誌などから魂に関する記述を集め、それらに共通する特徴を探ることで、真理へ迫ろうとしたのです。さらに変態心理に関心をもち、精神医学へも接近します。

方法論としての民族学・民俗学研究

熊楠はしばしば時代を先取りしていたとか、「一〇〇年早かった」などと評価されます。しかし、どんな人間も、そのひとの生きた時代の思潮や雰囲気と無縁には生きられません。その思考には、かならず時代性が反映されます。熊楠における魂の問題は、まさにそうでした。熊楠の直面した悩みは、当時の多くのひとびとが立ち向かった課題でもあったのです。

一九世紀後半から二〇世紀初頭にかけては、西洋においても日本においても、魂や死後の世界、超能力といったものへの関心が高まりました。科学の進歩と呼応して、キリスト教や仏教が力を失い、ひとびとは自分という存在に不安を感じ、さまざまな方法で精神や魂についてあきらかにしようとしたのです。科学者たちは実験をくりかえし、精神医学が生み出され、脳科学・神経科学が発達し、スピリチュアリズムや心霊科学が出現します。現在では、精神医学と脳科学と心霊科学は別々のものとみなされていますが、問題の根源は同じところにあったのです。同様に夢についても、科学、精神医学、民族学・民俗学のそれぞれからアプローチ法が生まれつつありました。

これらはいずれも、目には見えないけれども、存在するのはまちがいない「心・精神・魂」、そして毎晩のように体験するものの、自分にしか見えない「夢」へ迫ろうとしたものでした。心霊科学も民族学・民俗学も精神医学も、一九世紀後半に新しくあらわれた／確立されつつあった科学・方法論であり、それによって従来は扱いえなかった問題を解き明かせるのではないかと期待されたのです。

しかし、心霊科学のように機械で測定したり、実験で魂の存在を確かめようとするのは、熊楠には技術的にも資金的にも不可能でした。脳神経科学も分野外です。

そこで熊楠が方法論として採用したのが、民族学・民俗学だったのです。一九世紀後半から世界各地で民族誌的調査が行なわれ、民話や説話が収集され、それらをまとめた文献が大量に出版されていました。それにともない、タイラーやフレイザーによって民族学や民俗学が学問として整備されていきます。熊楠は、当時最新のその方法論に飛びついたのでした。そして古今東西の文献を渉猟することで、自身の体験を解き明かす手掛かりを探そうとしました。結果として、睡眠中に魂が抜け出るというような件について大量の類例が出てきたことは、熊楠の思考を深め、またある種の安心感を与えたことでしょう。そのようにして収集された資料は、論考や書簡にも使われました。

その奇妙で不思議で、同時に人間という存在の根源に迫る文章は、現在のわたしたちをも惹きつけてやみません。本書で現代語訳して、ご紹介したとおりです。

熊楠の研究の目的

これまでもしばしば熊楠の神秘体験がとりあげられてきたにもかかわらず、もうひとつはっきりとした理解がされなかったのは、熊楠自身にも責任があります。本書でよくおわかりになったかと思いますが、自己神秘化がはなはだしいのがひとつ。それから、熊楠の文章の特徴として、類例を並べるばかりで、考察や分析をしない点が指摘できます。ただ、実はこれは同時代のイギリスの方法論にのっとったものでした。博物学に代表されるように、できるだけたくさん集めることこそが大切だと考えられた時代だったのです。

同時に、熊楠が現代的な意味での科学者・研究者ではなかった点も理解しておく必要があります。わたしたち現在の研究者は、研究成果を公刊し、共有し、学問を進歩させることを目的に活動しています。それによって大学や研究所に雇用され、日々の糧を得ています。しかし、熊楠にそうした意識は低かったのではないでしょうか。「科学」や「人類」へ貢献しようというような気はなかったと思いますし、大学などに所属して給料をもらっていたわけでもありません。

熊楠の研究は、学会で評価を得るとか、論文として発表するというよりは、自分自身のためという色合いが濃いものです。それは自身の問題を出発点に展開したものだったからです。夢、てんかん、精神の揺らぎ、父親の期待に応えられなかったという後悔。それらが複合的にくみあわさって生まれた個人的不安を解決するために、さまざまな文献を漁っていたと見なすべきなのです。

そのため、熊楠は系統だった分析を行なったり、明確な結論を出したりしません。そもそもわたしは、熊楠にみずからの研究を公開する意図があったか疑わしいと考えています。あくまで自分自身のための研究であり、雑誌等に掲載された論考は、誌面に自分と関心の近い話題を見つけたときや、依頼があったときなどに、たまたま表出したものではないかと思うのです。

それでも熊楠の文章が雑誌や新聞などに頻繁に掲載されたのは、魂をはじめとする問題が同時代的に広く社会に共有された課題でもあったことを意味しています。それだからこそ、需要があり、読まれたわけです。

熊楠の生きた時代には、魂や死後の問題にくわえて、妖怪や幽霊といった、存在のあやふやなものに注目が集まりました。たぶん存在しない、でも、もしかしたらあるかもしれない。そこにひとびとは惹かれ、また議論する場があったのです。それらはいっぽうでは真剣な問題としてとりくまれましたが、他方では娯楽・読みものとしても人気になりました。熊楠が特異な文章家として重宝されたのは、熊楠がそうしたテーマを得意としていたからでもありました。時代にとって重要で普遍的なテーマは、あらゆる場所に姿を見せるものなのです。

さらにいえば、熊楠が今日まで多くのひとを魅了しつづけているのは、その問題意識が根本的に現代人にも通じるものだからです。魂の存在は科学的にはほぼ否定されたとはいえ、まったく「ない」と言い切ってしまうのには躊躇があり、不安に感じますし、また夢の仕組みや意味はまだまだ解明されていません。

熊楠を夢に見る

熊楠の神秘体験は、帰国直後から那智時代に集中しており、自身で述べるように田辺に居をかまえ、妻を迎え、子どもたちに恵まれてからは、だんだんと落ち着いていきます。魂や死後の問題についても、真剣にとりくむことがなくなります。研究は、あくまでも自分のためでしたから、抱えている問題について、何らかの答えを得て、心の安寧を保てるようになれば、それでもうよかったのです。魂についての考察も、ある時期からは、さしせまった問題というより、文筆活動におけるサービス精神の発露へ変わるように見えます。神秘的な体験について語ることで、みずからを伝説化するのが楽しくなったのかもしれません。

熊楠は一九四一年一二月二九日に亡くなりました。前夜、妻の松枝と娘の文枝に、「縁の下に小鳥が一羽死んでいるから、明朝丁重に葬ってやってほしい」と謎の言葉を残し、翌早朝に息を引きとります。家族に見守られながらの、ある意味では幸せな死でした。この小鳥が何を意味していたのかはわかりません。もちろん、本当に小鳥の死体があったわけではありません。古来、ひとは死ぬと鳥になって飛び去るとの信仰がありますが、それに近いものなのでしょうか。

さて、あるときからいろいろな熊楠研究者に、「熊楠が夢に出てきたことがあるか」という質問をしてきました。しかし、これまではっきりと肯定したひとはいません。では、わたし自身はどうかといえば、実は何度も出てきたことがあります。たいていは田辺の旧邸の、庭なり座敷なりで、何かを話しているシチュエーションです。ただ、話の内容はよく覚えていません。

あとになってつくづく、「あなたにとって夢と現実の違いはなんだったのですか」とか「魂の存在は確信できたのですか」などと質問しておけばよかったと思わされます。今度また出てきたら、忘れず聞いてみることにしましょう。

あとがき

わたしが南方熊楠の研究にとりくむようになったのは、いまからちょうど二〇年前の二〇〇一年二月のことでした。大学院修士課程の一回生のとき、和歌山県田辺市にある南方熊楠旧邸の資料調査に参加することになったのです。当時は遺品の本格的な整理が始まってまだ何年もたっておらず、蔵などに標本や書物が詰めこまれた状態でした。薄暗い蔵のなかで作業していると、ふとしたときなどに、うしろから熊楠に監視されているような気がしたものです。熊楠が大切にしていた資料を扱っていたわけですから、当然といえば当然かもしれませんが。

一日の作業を終えたあとは、いっしょに調査している先生方と食事に出かけ、目の前の海でとれた魚介類を楽しむのがいつものことでした。鰹、イカ、太刀魚、ナガラミ（トコブシ）、カメノテなど、きわめて美味だったり珍しかったりで、これが田辺へ通いつづける動機になったのはまちがいありません。ただ、残念ながらわたしはアルコールを受け付けない体質なので、宴が盛り上がってきたあたりでそっと抜け出し、夜の散策に出るのがつねでした。松の生い茂る浜辺を歩いていると、真っ黒な海にボーッと月が映り、いかにも何か「出てきそう」な雰囲気が漂ってきます。そんなとき、ビチャンと大きな水音がしたりするのです。たぶんボラがジャンプしたのでしょうが、心臓をキュッと摑まれたような心持ちになりました。

また、田辺は熊野古道の拠点となっており、わたしも何度も歩いたことがあります。シーズンには行列状態になりますが、季節や場所によっては薄暗い森のなかをどこまで歩いても誰にも出会わないことがあり、夕暮れが迫ってくると、このまま帰れなくなるのではないかと不安にかられます。

熊楠の時代には、もっと暗かったでしょうし、山を歩くひともまれだったでしょう。だからこそ、妖怪や霊魂といったものも身近だったのです。熊楠の家の近所で、河童が出たという事件すらありました。一九〇七年のことで、もはや明治も終わりに近づいていましたが、熊楠はその正体を真剣に考察しています。熊楠は昭和初期に、ニホンオオカミの探索に出ようとしたこともありました。一般には一九〇五年に絶滅したとされますが、紀伊山中ではその後も目撃談が絶えず、自身の目で真偽をたしかめようとしたのです。

現在のわたしたちからすると、およそ怪しげな話としか思えませんが、当時は河童もニホンオオカミもたしかな存在感をもってひとびとに受け止められており、熊楠が重要なテーマとしてとりあげる価値があったのです。

さて、自分の話に戻りますが、やがて二〇〇六年に遺品を収蔵・展示する南方熊楠顕彰館が開館してからは、企画展示や講演会などを担当してきました。そんななかで、二〇一七年に特別展「南方熊楠と神秘主義」の企画を任されたのが、本書のきっかけとなりました。熊楠が那智山中で体験したという幽体離脱体験などをとりあげることになったものの、率直に告白すれば、着手した当初は「うさんくさいなあ」という気持ちが強いくらいでした。

ところが、準備を進めていくなかで、熊楠が一九世紀後半に欧米で大流行した心霊科学やブラヴァツキー夫人に関心をもっていたことや、睡眠中に見た夢を執拗なまでに記録しつづけたこと、魂の入れ替わりを扱った論考が相当数にのぼることなどにも視野が広がり、熊楠にとって神秘的なテーマが重要な意味をもっていたことがわかってきました。しかもそれらは、河童をはじめとした妖怪や幽霊、予知やテレパシーといった超能力の問題ともつながっていたのです。

「南方熊楠と神秘主義」展には、関心をもつ方が多かったようで、開幕日のギャラリートークには、かつてないほどの聴衆が集まりました。それだけ熊楠には神秘的なイメージがあり、ワクワクさせられるのでしょう。わたしも熊楠を研究するにあたって、欠くことのできない側面であるとの認識を強くしました。

そんなこともあり、展覧会が終了したあとも調査をつづけ、やがて右に並べたような諸要素がバラバラに存在したというより、熊楠のなかではひとつの根源的な問題意識から発していたのではないかと考えるようになったのです。本書では、その成果をご紹介しています。

南方熊楠旧邸／顕彰館に二〇年も通いつづけ、熊楠の暮らしたのと同じ空間で過ごしていると、熊楠という人間が身近に感じられてきます。調査にくわわったころには、超人、偉人、奇人といったイメージが強かったのですが、その生き方を深く知るにつれ、等身大の熊楠が見えるようになりました。華やかな名声や世界的な研究の裏で抱えこんでいた、苦しみや悩みへと目が向きはじめたのです。そして、熊楠は自身の存在そのものに関わる重大な問題を抱えており、それを解決するために、神秘的なものへの関心を高め、幽体離脱、夢、超能力といったテーマを扱うようになったのではないかと考えるようになりました。

どこまで論じきれたかはわかりませんが、本書を通して、ひとりの人間としての熊楠を感じとってもらえればと思います。

参考文献

【南方熊楠著作】

・『南方熊楠全集』全一二巻、平凡社、一九七一～七五年。
・『南方熊楠日記』全四巻、八坂書房、一九八七～八九年。
・『南方熊楠英文論考［ネイチャー］誌篇』飯倉照平監修、松居竜五・田村義也・中西須美訳、集英社、二〇〇五年。
・『南方熊楠英文論考［ノーツアンドクエリーズ］誌篇』飯倉照平監修、松居竜五・田村義也・志村真幸・中西須美・南條竹則・前島志保訳、集英社、二〇一四年。
・『柳田国男・南方熊楠往復書簡集』上・下、飯倉照平編、平凡社、一九九四年。
・『南方熊楠・土宜法竜往復書簡』飯倉照平・長谷川興蔵編、八坂書房、一九九〇年。
・『高山寺蔵 南方熊楠書翰 土宜法龍宛 1893-1922』奥山直司・雲藤等・神田英昭編、藤原書店、二〇一〇年。

【同時代資料】

・石橋臥波『夢』宝文館、一九〇七年。
・土宜法竜『木母堂全集』宮崎忍海編、六大新報社、一九二四年。
・H・P・ブラヴァツキー『ベールをとったイシス』第一巻上・下、老松克博訳、竜王文庫、二〇一一、二〇一五年。
・J・G・フレイザー『初版 金枝篇』上・下、吉川信訳、ちくま学芸文庫、二〇〇三年。
・E・S・モース『大森貝塚――付 関連史料』近藤義郎・佐原真編訳、岩波文庫、一九八三年。

【研究書】
・『異端者たちのイギリス』志村真幸編、共和国、二〇一六年。
・一柳廣孝『〈こっくりさん〉と〈千里眼〉――日本近代と心霊学』増補版、青弓社、二〇二〇年。
・飯倉照平『南方熊楠――梟のごとく黙坐しおる』ミネルヴァ書房、二〇〇六年。
・――『南方熊楠の説話学』勉誠出版、二〇一三年。
・伊藤慎吾『南方熊楠と日本文学』勉誠出版、二〇二〇年。
・稲生平太郎（横山茂雄）『定本　何かが空を飛んでいる』国書刊行会、二〇一三年。
・雲藤等『南方熊楠と近代日本』早稲田大学出版部、二〇一三年。
・雲藤等『南方熊楠　記憶の世界――記憶天才の素顔』慧文社、二〇一三年。
・小田龍哉「「妖怪学」と「事の学」」『熊楠研究』一三号、二〇一九年。
・ジャネット・オッペンハイム『英国心霊主義の抬頭――ヴィクトリア・エドワード朝時代の社会精神史』和田芳久訳、工作舎、一九九二年。
・『怪人熊楠、妖怪を語る』伊藤慎吾・飯倉義之・広川英一郎、三弥井書店、二〇一九年。
・唐澤太輔『南方熊楠の見た夢――パサージュに立つ者』勉誠出版、二〇一四年。
・――「那智山における超感覚的知覚現象――南方熊楠による記述と『ヒューマン・パーソナリティー』との比較を通じて」『「エコ・フィロソフィ」研究』一〇号、東洋大学「エコ・フィロソフィ」学際研究イニシアティブ、二〇一六年。
・久保洋一『死が映す近代――19世紀後半イギリスの自治体共同墓地』昭和堂、二〇一八年。

・『熊楠と猫』杉山和也・志村真幸・岸本昌也・伊藤慎吾、共和国、二〇一八年。
・小坂淑子「臨床心理学の見地から（熊楠の神秘体験を読み解く）」『熊楠 works』五〇号、南方熊楠顕彰会、二〇一七年。
・近藤俊文『天才の誕生――あるいは南方熊楠の人間学』岩波書店、一九九六年。
・西郷信綱『古代人と夢』平凡社ライブラリー、一九九三年。
・坂口誠「近代大阪のペスト流行、1905-1910年」『三田学会雑誌』九七巻四号、二〇〇五年。
・志村真幸「平瀬作五郎」『南方熊楠大事典』所収。
・――「南方熊楠論文の英日比較――『ホイッティントンの猫――東洋の類話』と『猫一疋の力に憑って大富となりし人の話』」『文学史の時空』小峯和明監修、宮腰直人編、笠間書院、二〇一七年。
・――「南方熊楠のカニバリズム――モースの大森貝塚からロンドンへ」『〈他者〉としてのカニバリズム』橋本一径編、水声社、二〇一九年。
・――『南方熊楠のロンドン――国際学術雑誌と近代科学の進歩』慶應義塾大学出版会、二〇二〇年。
・武内善信『闘う南方熊楠――「エコロジー」の先駆者』勉誠出版、二〇一二年。
・鶴見和子『南方熊楠――地球志向の比較学』講談社、一九八一年。
・南條竹則『怪奇三昧――英国恐怖小説の世界』小学館クリエイティブ、二〇一三年。
・橋爪博幸『南方熊楠と「事の学」』鳥影社、二〇〇五年。
・服部幸雄『さかさまの幽霊――〈視〉の江戸文化論』ちくま学芸文庫、二〇〇五年。
・『「変態心理」と中村古峡――大正文化への新視角』小田晋・栗原彬・佐藤達哉・曾根博義・中村民男、不二出版、二〇〇一年。
・『〈変態〉二十面相――もうひとつの近代日本精神史』竹内瑞穂・「メタモ研究会」編、六花出版、二〇一六年。
・牧田健史「病の自覚と病歴」『南方熊楠大事典』所収。
・松居竜五『南方熊楠　一切智の夢』朝日新聞社、一九九一年。
・――『南方熊楠――複眼の学問構想』慶應義塾大学出版会、二〇一六年。
・『南方熊楠大事典』松居竜五・田村義也編、勉誠出版、二〇一二年。
・『南方熊楠とアジア』田村義也・松居竜五編、勉誠出版、二〇一一年。
・安田忠典「千里眼」『南方熊楠大事典』所収。
・渡辺洋子『妖精の棲む島　アイルランド――自然・歴史・物語と旅する』三弥井書店、二〇二〇年。

【フィクション】
・江戸川乱歩『緑衣の鬼』一九三六年。
・岸大武郎『てんぎゃん―南方熊楠伝』集英社、一九九一年。
・神坂次郎『縛られた巨人　南方熊楠の生涯』新潮文庫、一九九一年。
・柴田勝家『ヒト夜の永い夢』早川書房、二〇一九年。
・辻真先『超人探偵　南方熊楠』光文社文庫、一九九六年。
・津本陽『巨人伝』上・下文春文庫、一九九二年。
・東郷隆『名探偵クマグスの冒険』集英社、二〇〇八年。

・鳥飼否宇『異界』角川書店、二〇〇七年。
・長谷邦夫『南方熊楠　永遠なるエコロジー曼荼羅の光芒』ダイヤモンド社、一九九二年。
・古山寛・ほんまりう『漱石事件簿』新潮社、一九八九年。
・水木しげる『猫楠』角川文庫、一九九六年。
・――――『水木サンの猫』講談社、二〇〇八年。
・山村基毅・内田春菊『クマグスのミナカテラ』新潮文庫、一九九八年。

写真提供　南方熊楠顕彰館（田辺市）
水木プロダクション
アマナイメージズ
長瀬稚春

志村真幸《しむら まさき》

比較文化史研究者。南方熊楠顕彰会理事。慶應義塾大学非常勤講師。一九七七年、神奈川県生まれ。京都大学大学院人間・環境学研究科博士後期課程単位取得退学。二〇二〇年、『南方熊楠のロンドン』（慶應義塾大学出版会）でサントリー学芸賞（社会・風俗部門）受賞。著書に『日本犬の誕生』（勉誠出版）、共著に『熊楠と猫』（共和国）、共訳に『南方熊楠英文論考［ノーツ アンド クエリーズ］誌篇』（集英社）などがある。

インターナショナル新書〇六五

熊楠《くまぐす》と幽霊《ゆうれい》

二〇二一年二月一〇日　第一刷発行

著　者　志村真幸《しむらまさき》

発行者　岩瀬　朗

発行所　株式会社 集英社インターナショナル

〒一〇一-〇〇六四 東京都千代田区神田猿楽町一-五-一八

電話 〇三-五二一一-二六三〇

発売所　株式会社 集英社

〒一〇一-八〇五〇 東京都千代田区一ツ橋二-五-一〇

電話 〇三-三二三〇-六〇八〇（読者係）

〇三-三二三〇-六三九三（販売部）書店専用

装　幀　アルビレオ

印刷所　大日本印刷株式会社

製本所　加藤製本株式会社

ISBN978-4-7976-8065-2　C0239

定価はカバーに表示してあります。

インターナショナル新書

064
明治十四年の政変
久保田 哲

知っていそうで知らない歴史の巨大転換点。維新の三傑亡き後、「国家のかたち」（立憲君主制、国会開設、憲法制定、金融制度など）を決定づけた〝複雑怪奇な政変〟を、気鋭の政治史学者が鮮やかに読み解く！

066
今こそ読みたいガルブレイス
根井雅弘

アメリカの経済学者、ガルブレイスは1970年代に『不確実性の時代』で恐慌、冷戦、大企業の支配、貧困、環境破壊など現代に通じる難問を取り上げた。その思想を丹念に読み解き、未来へのヒントを見つける。

067
物理学者のすごい思考法
橋本幸士

超ひも理論、素粒子論という物理学の最先端を研究する学者は、日常生活でも独特の視点でものを考える。通勤の最適ルート、ギョーザの適切な作り方、エスカレーターの乗り方……。物理学の本質に迫るエッセイ集。

068
「腸内細菌」が健康寿命を決める
辨野義己

腸内細菌の研究にはウンチの入手と分析が欠かせない。約半世紀にわたってウンチと格闘し続けてきた著者の爆笑研究秘話とともに、腸内細菌と健康の関係や最新の研究結果が理解できるオモシロウンチエッセイ！